# 오롯이 내게
# 귀 기울여줄 누군가

버거운 마음을 내려놓는 보건소 심리상담실

김계현
지음

마음책방

| 추천사 |

'나아지진 않아도 나빠지진 않았다'라는 말. 심리상담의 힘을 믿는 그 마음이 느껴져서 같은 동료로서 든든했습니다. '부족함이 드러난다 해도 어느 지점에서든 누군가에게는 분명 도움이 되리라고 생각한다'라는 말은 제 삶에 용기를 주었습니다. 이 따뜻한 글이 심리상담을 받고 싶지만 망설이는 사람들, 궁금해하면서도 모호하고 낯설어하는 사람들에게 분명 길잡이가 되어줄 것입니다.

고성인 _ '씨유마인드' 상담센터 대표

다독임. 누구에게나 어머니의 자장가처럼 토닥임이 필요할 때가 있습니다. 이 책은 험한 세상에 다리가 되는 존재, 바닥의 삶들을 일으키는 영혼의 속삭임입니다.

김우영 _ 제18~19대 서울특별시 은평구청장

오랜 상담 경력을 가진 전문가의 노하우로, 힘든 이에게 더 마음이 가는 따뜻한 상담사의 시선으로, 내담자에게 항상 배우는 자세로, 유료 상담센터에 갈 수 없는 취약한 내담자에게 도움이 되려는 마음으로 편안하고 친절하게 '누구나 심리상담을 받으라고' 손짓하는 책입니다.

심리상담이란 무엇인지, 어떻게 진행되는지, 어떤 상담사를 만나야 하는지, 상담사가 마음에 들지 않는다면 어떻게 해야 하는지, 첫 회기에서 종결까지 A-Z까지 심리상담에 대한 모든 궁금증을 빼놓지 않고 친절하게 안내해주고 있습니다. 심리상담을 받아볼까 고민하는 중이라면 이 책을 먼저 읽어보길 적극적으로 권합니다. 몇 번을 망설이다 용기 내어 상담 신청을 하고도 첫 상담에 잔뜩 긴장한 채로 오는 내담자의 불안감을 줄여주고 안심시키는 데 이 책은 큰 도움이 될 것입니다.

김은주 _ 경기도심리지원센터 센터장, 전)경기도의회 보건복지위원회 의원

상담이 무엇인지 궁금하면서도 그 문턱을 넘기까지 망설이는 사람들에게 쉽고 따스하게 그 공간을 드러내 보여주는 '사진집' 같은 책입니다. 상담사 자신을 솔직하게 드러내는 문장 하나하나마다 상담에 대한 애정과 사람에 대한 깊은 이해가 담겨 있습니다. 다양한 사람들이 머물다 떠나가는 보건소 심리상담실에서 새록새록 커나가는 상담사와 내담자의 마음들이 생생하게 와닿습니다.

최솔빈 _ '자기의 이유' 심리상담소장

'마음에도 관심과 돌봄이 필요하다'라는 당연한 이야기를 참 찰지게 하고 있습니다. 재밌습니다. 읽을 맛이 납니다. 다양한 고민을 다루는 상담 과정을 보여주면서 상담 분야의 현실, 상담사의 경험과 고민까지 담아냈습니다. 심리상담 혹은 상담심리사가 궁금한 독자뿐만 아니라 '상담 공부를 해보면 어떨까?' 하는 이들에게도 도움을 주고 있습니다. 좋은 친구, 동료를 만난 느낌이랄까요. 자신의 이야기를 편안하고 솔직하게 전하고 있어서 저자의 인생과 태도, 성품까지 느낄 수 있었습니다. 한 꼭지마다 아프고 힘들고 애잔하고 따뜻하고 고마운 마음들이 가득합니다. 상담이 이렇게 좋다는 걸 많은 이들이 꼭 알았으면 좋겠습니다.

최창석 _ '사는재미연구소' 대표

책을 읽다 보면 '누구나 심리상담을 했으면 한다'라는 저자의 진심이 느껴져서 뭉클했습니다. 자신을 이해해가는 상담 과정이 어떠한지를 아주 편안하게 들려주고 있습니다. 운동하기 전에 준비 운동이 필요한 것처럼 심리상담을 받기 전에 이 책을 읽으면 조금 더 편안하게 자신의 내면을 찬찬히 들여다볼 용기가 생길 것입니다.

허재경 _ 새봄심리상담연구소장

| 글을 시작하며 |

# 심리상담은 '외롭지 않게' 함께 있어 주는 것

시장에 쪼그려 앉아 나물을 팔던 한 상인은 저녁이 되면 근처 생선가게로 향합니다. 그날 번 돈으로 고등어 두 마리를 사지요. 약국에 들러 무릎에 붙일 파스도 삽니다. 제일 센 놈으로 달라고 해요. 내일도 장에 나가 앉아 있으려면 무릎이 성해야 하니까요.

고등어 반찬은 온종일 집에 처박혀 있는 큰딸 주려고 샀습니다. 이혼 후 함께 살게 된 마흔넷 딸내미는 집에서 뭘 하는지 통 나가지를 않습니다. 집 안에는 소주병과 담배꽁초만 나뒹굴고, 퀴퀴한 냄새가 나는 걸 보니 잘 씻지도 않는 눈치입니다.

뭐라 잔소리하면 "엄마가 나한테 해준 게 뭐 있다고 지랄이야!" 하면서 눈을 부라립니다. 딸이 정신이 이상한 것 같습니다. 속이 상할 때면 맞받아치면서 싸웁니다. 머리가 어지러울 때까지 티격태격하다 보면 해가 지고 일상은 그렇게 반복됩니다.

어머니는 딸을 도와 달라며 보건소 심리지원센터에 찾아왔습니다. 정작 딸은 함께 오지 않았지요. 이런저런 얘기를 나누면서 심리검사를 해보았는데 어머니는 우울 증상이 꽤 심각했습니다. 하지만 자신은 괜찮다며 딸이나 어떻게 사람 구실 하게 만들어 달라고 했습니다.

딸이 심각한지 어머니가 심각한지 논할 일이 아니었습니다. 관계로 맺어진 한, 어머니의 우울증이 딸에게 영향을 줄 거고 딸의 우울증이 다시 어머니를 자극할 테니까요.

"장에 안 나가는 날 있으세요?"

"화요일. 장이 다 쉬어서 사람이 별로 없응께."

"그럼 그날 보건소 오세요. 저랑 얘기도 하고 물리치료실에서 무릎 찜질도 받으시고요."

"……공짜요?"

"그럼요. 나랏돈으로 하는 거예요. 어머니 평생 열심히 살면서 세금 낸 거, 그 돈으로 하는 거니까 부담 갖지 마세요."

다음 주 화요일, 어머니는 딸을 데리고 보건소에 왔습니다. 희뿌연 때가 묻은 점퍼를 입은 딸은 무표정하면서도 잔뜩 경계하는 모습이었습니다. 딸이 먼저 상담실에 들어왔습니다. 십 년 넘게 우울증을 앓고 있었고 알코올과 니코틴 의존 증상도 보였지요. 제대로 된 치료 없이 술과 담배로 힘든 나날을 삼키며 보낸 것 같았습니다.

딸이 상담하는 동안 어머니는 2층 물리치료실에서 무릎 찜질을 했습니다. 딸의 상담이 끝나자 이번에는 어머니가 상담실에 들어오고 딸은 1층 대사증후군실에서 운동 처방과 영양 상담을 받았습니다. 그동안 제대로 된 식사를 챙기지 않아서 당뇨와 고혈압이 의심되는 상태였거든요. 이처럼 심리상담과 물리치료, 운동 처방과 의료진의 건강상담을 함께 할 수 있는 시스템. 보건소는 이런 게 참 좋습니다. 마음과 몸을 함께 다독일 수 있으니까요.

이런 형태의 공공기관이 동네마다 생겨서 잘 운영되면 얼마나 좋을까요. 누구나 심리상담을 수월하게 받을 수 있도록 말입니다. 그러려면 우선 나랏돈이 필요합니다. 상담료가 유료였다면 어머니는 딸을 데리고 올 엄두를 못 냈을 겁니다. 당장 먹을 것, 입을 것을 챙기기에도 빠듯하다면 눈에 보이지 않는 마음 따위는 뒷전이 되어버리니까요.

또한 체계적인 협업도 필요하겠지요. 물리치료, 사회복지, 간호, 영양, 어느 하나 소홀하지 않게 연결되어야 합니다. 나이가 들수록 마음의 문제가 몸의 신호로 드러나게 되니까요. '나는 괜찮다' 하며 살아온 어르신일수록 '몸은 안 괜찮아'라고 격렬하게 신호를 보내는 경우가 많습니다. 소화가 잘 안 되거나 밤에 잠을 설치거나 하면서요.

보건소 심리지원센터에 있을 때 심리상담을 하찮게 여기는 일부 관료들의 시선 때문에 속상한 적도 있었지만 나름대로 자부심이 컸습니다. 어떠한 이유로든 누군가에게 돈을 주고 상담하는 것 자체가 생소한 분들이 '심리상담'을 하면서 나아졌거든요. 나아지진 않아도 나빠지진 않았습니다. 때로는 더 나빠지지 않는 것만으로도 대단한 변화지요. 그렇게 삶의 끈을 다시 부여잡는 분들을 보면서 겸손을 배웠고 용기를 배웠고 의지를 배웠습니다.

언제가 될지 모르지만 누구나, 아무 조건 없이 상담받을 수 있기를 바랍니다. 자살이나 자해처럼 꼭 위기 상황이 아니더라도 괜찮습니다. 내 문제가 별것 아닌 것 같아도 부담 없이 상담을 신청했으면 좋겠습니다. 상담은 다친 후에 바르는 연고이기도 하지만 다칠까 봐 입는 '보호대'이기도 하니까요. 누구나 그런 보호대를 입었으면 하는 바람입니다.

보건소에서 추진하는 공중보건 의료사업은 대부분 무료입니다. 혹은 아주 저렴한 금액이죠. 보건소 안에 있는 심리지원센터도 그중 하나인데 지역주민들에게는 여전히 낯선 공간입니다. 물리치료받다가 "여긴 뭐 하는 데여?" 하며 들어오는 분도 있고, 여름날 동네 산책을 하다가 더위를 피하려고 잠시 머물다 가는 분도 있으니까요.

조금씩 나아지고 있지만 여전히 심리상담을 접해보지 못한 분들이 많습니다. 상담받으라고 권하면 오히려 상담한다고 뭐가 달라지는지, 뭐든 해결이 다 되는지 등을 되묻지요. 상담에 대한 막연한 편견과 불안을 덜어드리고 상담은 언제든 누구든 받을 수 있다는 것을 알려드리고 싶었습니다. 몸이 아프면 병원에, 마음이 아프면 심리상담실에 가는 거라고요. 또한 심리상담에 관심이 있지만 아직 접해보지 못한 분들을 위해, 상담을 몇 번 접했던 분들이 느꼈던 궁금증을 풀어드리기 위해 노력하였습니다.

여전히 배울 게 많은지라 심리상담에 대한 글을 남긴다는 게 부끄럽지만 부족함이 드러난다 해도 어느 지점에서든 누군가에게는 분명 도움이 되리라고 생각합니다. '누구나' 있는 그대로 사랑스러운 존재임을 '스스로' 알아차릴 수 있도록 삶의 어딘가에서 계속 도우며 애쓰겠습니다.

## 차례

추천사　　　2

글을 시작하며　　　4

**1부**

## 누구나 처음은 그래

외롭지 않게 함께 있어 주는 것 _____ 14

자신의 마음에 접근하는 속도 _____ 20

소외될지 모른다는 두려움 _____ 25

자신을 위해 노력하려는 마음의 시작 _____ 31

적나라하게 자신을 볼 수 있는 시간 _____ 37

마음을 정리하는 힘 _____ 43

온전히 자신의 선택이기를 _____ 49

있는 그대로 꺼내놓기 _____ 56

예민함을 다루는 완충장치 _____ 64

있는 그 모습 그대로 인정하는 것 _____ 70

그야말로 멋쩍은 순간 _____ 76

살면서 계속 풀어갈 숙제 _____ 83

## 2부

### 그럼에도 불구하고 시작해

방황의 시간을 마치고 _____ 90

마음과 마음이 만나는 일 _____ 95

뒤끝 없는 뒷담화 한 판 _____ 100

눈과 눈이 마주본다는 건 _____ 105

당당히 서게 하는 힘 _____ 109

항해를 시작하기 전에 _____ 114

그럼에도 꺼내놓을 수 있다면 _____ 119

일어난 변화를 그냥 바라보는 것 _____ 124

마음결을 정리할 시간 _____ 128

아픈 기억이 자꾸 건드려질 때 _____ 132

자신이 가장 아름다운 순간 _____ 138

오늘부터 행복해지는 법 _____ 144

3부

## 오롯이 내게 귀 기울여줄 누군가

말하지 않아도 괜찮아 _____ 150

불편함을 느끼는 지점 _____ 155

내면 깊숙한 부대낌 _____ 162

말할 수 없는 외로움 _____ 167

스스로 '나'를 도울 수 있는 기회 _____ 172

존재로서 살아 있는 경험 _____ 178

쉬었다 가도 되나? _____ 184

좋은 이웃이자 친구 _____ 190

나를 지키는 최소한의 방어 _____ 197

관계가 이어진다는 것 _____ 205

작은 서운함도 허심탄회하게 _____ 212

차마 범접할 수 없는 강인함 _____ 218

글을 마치며   224

심리상담 Q&A   229

# 외롭지 않게
# 함께 있어 주는 것

 한 남자가 망연자실한 표정으로 상담실에 앉아 있다. 푸석한 얼굴과 더벅머리, 구겨진 셔츠 차림은 요즘 사는 게 편치 않음을 보여준다. 맛이 간 고등어처럼 축 처져서는 콧등에 뿔테 안경이 걸쳐져 떨어질락 말락 하는데도 올릴 생각을 안 한다.

 6개월 전에 사업 부도를 겪었고 어제는 이혼 서류에 도장을 찍었다. 초등학교 6학년, 3학년 두 아들은 아내가 키우기로 했고. 양육비라도 보내야 했기에 급하게 일자리를 알아보던 중에 구청 담당자로부터 심리상담을 권유받았다. 한눈에 보기에도 어딘가 불안해 보였나 보다. 그렇게 상담실에 방문한 그는 나를 쳐다보지도 않고 혼잣말하듯이 말했다.

"==상담한다고 뭐, 달라지긴 해요?=="

구청 담당자를 통해 사정을 이미 알고 있었기에 그의 질문에 섣불리 답하지 못했다. 공들여 준비한 사업이 무너지기 시작했을 때 어떻게든 막아내려고 마지막 힘까지 쥐어짰을 것이고, 예민하고 뾰족해진 상태에서 사랑하는 아내와 자식들에게 상처 주는 말도 뱉었을 것이다. 자신에 대한 실망과 좌절, 세상에 대한 배신감을 잔뜩 느꼈을 그에게 어떤 위로인들 마음에 와 닿을까 싶었다.

'그래도 힘을 내야지요' 같은 말은 전투력을 상실한 군인에게 '죽기 싫으면 나가서 싸워!' 하고 외치는 것처럼 폭력적으로 느껴지리라. 그렇다고 '아뇨. 지금 당신한테는 상담이 꼭 필요해요'라고 영업사원처럼 떠들 일도 아니었다. 정말 몰라서 묻는다면 '전문가 패치'를 장착하고 미주알고주알 떠들겠지만 그는 몰라서 질문한 게 아니었다. 그저 '냉소'였다.

'다 부질없어. 상담 따위 시간 낭비야.'

냉소적인 사람에게는 논리가 통하지 않는다. 아니, 대화 자체가 되지 않는다. 어떤 말을 해도 '다 소용없어!' 한마디면 끝나버리니까.

'해봤는데 잘 안 됐잖아. 이젠 끝이야. 되는 게 없어.'

희망이 안 보이는, 잘될 거라는 느낌이 없는, 팔다리에서 힘을 쭉쭉 뽑아내는 절망. 그런 절망 끝에는 냉소만이 남아 있다.

'쳇, 이런다고 뭐가 달라지겠어?'

마음이 얼음벽처럼 차가워진다. 그런 냉소가 다시 절망을 부추긴다. 그렇게 상태는 더 나빠진다. 그걸 알지만 마음은 쉽게 바뀌지 않는다. 냉소는 마음 구석구석 사악하게 내리쬐기 때문에 희망이 자랄 땅이 완전히 메말라버리고 만다.

그는 그동안 많이 노력하고 애썼을 것이다. 편하게 쉬고 싶어도 그러지 못했을 것이다. 자신을 희생해서라도 어떻게든 무언가를 이루기 위해 노력했겠지. 살아남기 위해 때로는 자존심 다 내려놓고 누군가에게 굴욕을 당했는지도 모른다. 노력에 배신당했을 때, 아무리 애를 써도 이룰 수 없다는 걸 알게 될 때 우리는 냉소적으로 변한다. 노력이 간절할수록, 참아왔던 굴욕이 묵직할수록 더 많이.

그렇게 보면 냉소는 '부단히 애써온 내 마음이 심하게 토라진 상태'라고 볼 수 있다. 세상에게 삐져버린 상태.

'나 이렇게 열심히 사는데, 큰 욕심 부리는 것도 아니고 그저 먹고 살자는 건데…… 어떻게 날 버리는 거냐, 이 세상아!'

냉소가 대놓고 토라진 마음이라면 우리는 그 마음에게 어떻게 해줘야 할까?


어느 날 우리 아이가 토라졌다. "왜 그래? 무슨 일이야?" 하고 슬쩍 물어본다. 아이는 아무 말도 안 하고 입만 삐죽.

"장난감 망가졌어? 엄마한테 화났어?"

이것저것 물어봐도 속 시원히 말해주지 않고, 안아주려고 하면 온몸을 꽈배기처럼 뒤틀면서 툴툴거린다. 밤고구마 백 개를 한 번에 먹은 듯 갑갑하지만 이때는 일단 한발 물러나야 한다. 냉소 앞에서는 어떤 방법도 소용없으니까. 그냥 이렇게만 말한다.

"엄마 여기 있을 테니까 네가 필요하면 언제든지 와. 엄마는 네가 왜 화났는지 궁금해. 엄마가 다 해결해주지 못할 수도 있지만 노력할 거야."

마음이 냉소로 가득할 때도 마찬가지다. 토라진 아이를 달래듯 이렇게 말해줘야 한다.

'나 여기 있을 테니까 필요하면 언제든지 와. 다 해결해주지 못할 수도 있지만 노력할게. 널 위해서.'

그렇게 말하면 과연 냉소가 뭐라고 답할까? 대개는 끄떡도 안 한다. 마음이 어디 그렇게 쉽게 움직여지나. 마음이 대꾸를 안 한다고 포기하지 말고 두 번, 세 번, 열 번쯤 얘기해준다. 찬물에 코코아 가루를 넣었을 때랑 비슷하다. 한두 번 저어서는 전혀 녹지 않는다. 열 번 스무 번을 저어도 다 안 녹을 수 있다. 유일한 방법은 '녹을 때까지' 젓는 거다. '나의 냉소는 나를 닮아서 고집이 세구나'라고 생각하면서 계속 반복하여 얘기해줘야 한다.

이게 무슨 해결이냐, 그런 소극적인 방법으로 뭐가 되긴 하냐 의심이 들겠지만 마음이 세상을 향한 냉소로 가득 차 있을 때는 그 마음에 다가가려는 노력만으로도 충분하다. 오히려 서두르면 탈이 난다. 왜 그렇게 나약하냐고, 아직 기회는 얼마든지 있다고 설교하게 되면 토라진 마음이 더 닫혀버린다. 답답하더라도 그냥 버텨주는 것, 지금 할 수 있는 건 그거다. ==세상으로부터 버림받은 기분이 '외롭지 않게' 함께 있어 주는 것, 그것만으로도 충분하다.==

그래서 상담실을 찾은 그가 어떻게 되었냐면, 상담한다고 뭐 달라지는 게 있겠냐는 말에 "선생님, 일단 안경부터 고쳐 쓰시죠"라고 답했다. 그는 무의식중에 바로 안경을 추켜올렸고 그 모습을 보고 안심했다. 안경을 고쳐 쓸 힘이 아직 남아 있다는 얘기니까. 상담에 대한 기대도 믿음도 없이 왔지만 상담사의 말에 귀 기울일 줄 아는 그는 그래도 괜찮아 보였다.

긴급생계지원금 등 시급히 알아봐야 할 몇 가지를 떠올리며 그의 표정을 살폈다. 처음에는 나를 쳐다보지도 않던 그의 눈이 어느새 나를 향해 있었다.

세상이 날린 어퍼컷을 맞고 정신이 아찔한 상태라 지금은 힘이 빠져 있지만 시간이 지나서 아찔한 기운이 사라지면 분명 알게 될 것이다. 자신에게 아직 힘이 남아 있음을.

아직 경기는 끝나지 않았다

# 자신의 마음에
# 접근하는 속도

똑똑똑.

"네, 들어오세요."

상담실에 처음 온 사람들은 대개 주변을 한번 둘러보고 의자에 앉는다. 낯선 장소에 적응하기 위한 노력이다. 상담사는 최대한 편한 느낌을 주기 위해 차를 권하고 나긋한 목소리로 응대한다. 상담실에 오기까지 '올까 말까' 무수히 고민했을 걸 아니까. 막상 상담실에 도착했어도 여전히 떨린다.

'내가 오기 잘한 걸까, 괜히 온 건 아닐까, 무슨 말을 해야 하지?'

오만 가지 생각이 머릿속을 스치는 순간, 상담사가 인사를 건넨다.

"안녕하세요."

"네, 안녕하세요."

상담은 그렇게 시작된다. 낯선 곳에서 처음 보는 상담사와 지극히 평범한 인사를 주고받으면서. 상담실이라는 공간에 조금씩 적응해가면서, 떨리는 마음을 부여잡고, 각자의 속도대로. 처음엔 주저하다가도 이내 마음을 폭포수처럼 쏟아내는 사람이 있는가 하면 아주 조심스럽게 야금야금 속마음을 내비치는 사람도 있다. 저마다 '자신의 마음에 접근하는 속도'가 다르고 그 속도는 존중받아야 한다. 누군가에게 자신의 이야기를 한다는 게 쉬운 일은 아니다. 하지만 심리상담은 시간이 한정되어 있어서 마냥 기다려줄 수가 없다. 유료 상담이라면 시간이 곧 돈이고, 무료 상담이라도 상담 기회가 매번 주어지지는 않기 때문이다.

그래서 상담사는 어떻게든 이야기를 끄집어내려 할 것이다. 하지만 상담의 주도권은 내담자(심리적인 문제를 상담사의 도움을 받아 해결하려는 사람)에게 있다. 뭐든 억지로는 안 된다. 내담자의 마음이 움직여야 한다. 어떤 사람은 상담사의 손짓에 맞장구를 치면서 '마음 탐색'을 시작하는가 하면 어떤 사람은 끝까지 도망 다니다가 상담을 마치기도 한다. 그렇게 허무하게 상담을 마치고 나면 집으로 돌아가면서 이렇게 생각할 것이다.

'아, 역시 괜히 왔나 봐. 후련하지도 않고 뭔가 찝찝하네.'

만약 그런 경험이 있더라도 상담받기로 한 선택을 후회하거나 자책하지는 않았으면 한다. 차라리 실력 없는 상담사를 욕하시길. 상담사의 뭔가가 마음에 들지 않아서 마음이 열리지 않았을 수도 있으니까. 다음번에 다른 상담사와는 '다른 느낌'이 들 수도 있다.

사실 자신의 '진짜 마음'을 이야기하는 데는 연습이 필요하다. 한 번에 잘되지 않아도 괜찮다. 조금씩 조금씩, 내가 감당할 수 있는 만큼만 하는 게 중요하다. 정 이야기를 꺼내기 어렵다면 우선은 '내가 왜 이야기를 꺼내기 어려운지' 스스로에게 질문을 던져보기 바란다. 어떤 두려움이나 걱정이 있지는 않은지. 내 이야기를 들으면 상대방이 나를 이상하게 보지 않을까, 내게 어떤 편견을 갖지 않을까, 나를 흉보지 않을까, 그런 염려.

언젠가 학교폭력 가해자로 지목된 중3 아이와 상담을 한 적이 있다. 학교폭력위원회 조치로 이루어진 의무 상담이었는데 첫 상담 시간에 그 친구는 말을 거의 하지 않았다. 묻는 말에 '네, 아니오'로 짧게 답할 뿐. 시선을 떨구고 구부정한 자세로 앉아 온몸으로 나를 거부했다.

벽을 마주하고 독백하듯 지루한 50분이 지났다. 상담을 끝마칠 시각이 되니 마음이 묵직했다. 어떻게 상담을 이어가야 하나, 어떻게 관계를 맺어야 하나 암담하기만 했다. 다음 시간에 오기는 할까, 아프다고 둘러대면서 안 오진 않을까, 언제까지 의무 상담을 마쳐야 하는지 학교 측에 알아봐야 하나, 별별 생각을 다 했다.

무거운 마음으로 상담실을 나서는 아이를 배웅하는데 갑자기 비가 쏟아졌다. "선생님 우산 쓰고 갈래?"라고 말했더니 아이는 잠시 주춤거리다가 우산을 받고 말도 없이 쌩 사라졌다.

다음 주 같은 시각. 아이는 상담실에 와서 나와 눈을 마주쳤고 자기 이야기를 하기 시작했다. 첫 시간과 정반대인 모습이라 적잖이 놀랐다. 이렇게 이야기를 잘하면서 처음 만났을 때는 왜 아무 말도 하지 않았냐고 물었더니 아이는 "선생님이 저를 싫어할까 봐요"라고 말했다. 학교폭력 가해자로 지목되어 왔으니 상담 선생님이 자신을 '문제아'로 볼 거라고 지레짐작해서 아예 마음을 닫아버린 거였다.

그 말을 들으면서 조금 부끄럽기도 했고 안도감도 들었다. 부끄러웠던 건, 첫 상담에서 입을 꾹 닫은 아이의 모습을 보면서 '학교폭력 가해자 상담이고 의무교육 시간만 채우면 되니까 너무 큰 기대는 하지 말자'라고 다짐했던 내가 생각나서다. 나도 모르게 아이에 대한 편견이 있었구나 싶었다. 한편으로는 아이가 마음을 열고 자기 이야기를 들려준 것에 대해 안도했다. 스스로 자신의 두려움을 드러냈고, 그 두려움 안에 있는 색색 가지 마음을 펼쳐냈기 때문이다.

자신이 나쁜 아이로 보일까 염려되었다는 말은 '난 나쁜 애가 아닌데 선생님이 안 믿어주면 어쩌지'라는 의심과 '내가 정말 나쁜 애면 어쩌지' 하는 걱정을 모두 담고 있다. 나아가 나쁜 사람이 되고 싶지 않다는 소망과 그렇게 될까 봐 불안한 마음도 함께.

==만약 상대에게 어떻게 보일까 염려하는 마음 때문에 속마음을 말하기 꺼려진다면 그 안에 들어 있는 '의심'과 '걱정', '소망'과 '불안'을 한번 찾아보길 바란다.== 내가 어떤 부분을 두려워하고 어떻게 되기를 원하며 내 '진짜' 이야기를 듣고 상대가 어떤 반응을 보일지 예상해 보길 바란다.

상담을 시작하기 전에 상담사가 나를 이상하게 볼까 염려되어 말하기 두려워진다면 그런 '염려되는 마음'을 먼저 꺼내보면 어떨까.

상담에서 꺼내고 싶은

진짜 주제에 다가가기 전에

'그 주제를 꺼내기 힘들어하는 내 마음'을

먼저 다루는 것, 그 자체가

상담이 시작되는 첫 관문이다

# 소외될지 모른다는
# 두려움

"지금 그 얘기는 하고 싶지 않아요."

심리상담 중에 종종 듣는 말이다. 용기를 내 상담실에 찾아왔지만 상담 중 자신을 온전히 드러내는 데는 아직 마음의 준비가 덜 된 듯하다.

회사 내 부적응 문제를 호소하던 한 직장인은 "제 문제는 직장 문제니까 어린 시절 경험은 묻지 마세요"라고 먼저 엄포를 놓는다. 작년에 우울증 진단을 받았다는 한 40대 여성은 "그때 어떤 부분이 힘들었나요?"라는 질문에 "그때는 그때고요, 지금은 굳이 떠올리고 싶지 않아요"라고 대답한다.

내담자가 먼저 묻지 말아 달라거나 말하기 싫다고 하면 궁금해도 일단 그러려니 한다. 어떤 사정에서건 지금 시점에서 말하기 어려운 이유가 있으려니. 그래서 캐묻는 대신 이렇게 질문한다.

"지금 말하기 싫은 어떤 이유가 있나요?"

지금 그걸 떠올리면 힘들어질까 봐, 말하면 상담사가 편견을 가질까 두려워서, 법적 처벌을 받을 수 있는 무거운 비밀이라서, 때로는 아무 이유 없이.

말하기 싫다는 사람에게 '말하기 싫은 이유'에 대해 묻는 것은 그 이유를 말하면서 내담자가 스스로 자신에 대해 생각해볼 수 있기 때문이다.

어린 시절 경험을 묻지 말라고 했던 내담자는 내 질문에 다음과 같이 대답했다.

"예전에 상담할 때 어린 시절이 어땠는지 계속 물어보더라고요. 그러면 기분만 나빠져요. 그게 지금이랑 무슨 상관이 있다는 건지…… 지금 제가 겪는 일은 그것 때문이 아니니까요."

예전에 어떤 사정으로 우울증을 앓았는지 말하기 싫다는 내담자는 이렇게 말했다.

"작년에 정말 힘든 일을 겪었어요. 제 인생에서 제일 잔인한 해였죠. 그걸 지금 말하기는 좀 힘들어요. 떠올리면 감당이 안 될 것 같아요."

그렇게 '말할 수 없는 이유'를 말하면서 자신의 비밀스러운 마음에 다가설 준비를 한다. 그러한 자신을 이해하면서. 하지만 그 비밀은 언젠가 어떤 식으로든 맞닥뜨리게 된다. 마음이란 압력을 싫어하는지라 겉으로 튀어나오지 않게 숨길수록 더 튀어나오려고 안달이다. 사냥꾼에게 쫓기는 토끼를 집 안에 숨겨주면 그 토끼가 잘 숨어 있는지 계속 신경이 쓰이기 마련이다.

그래서인지 상담 관계가 돈독해지고 신뢰가 쌓이면 어느 순간 이야기는 도마 위에 오른다. 원래부터 말하고 싶었던 사람처럼 술술 이야기하게 되는 경우가 많다. 어린 시절 경험을 묻지 말라던 내담자는 학창 시절 따돌림받았던 경험을 털어놓았다. 감수성 예민한 학창 시절, 따돌림이라는 경험은 '소외될지 모른다는 두려움'을 마음 깊이 심어놓았다. 직장에서 사람들과 어울릴 때 잘 보이려고 과도하게 긴장했다. 무리에 어울리지 못할까 봐 긴장해서 말실수를 하게 되고, 쓸데없는 오해와 구설수를 만들어 회사 적응을 힘들게 했다.

작년에 우울증 진단받은 이유를 말하지 못하겠다던 내담자는 생애 가장 특별했던 사람과 이별한 순간을 떠올렸다. 어쩌다가 그 이야기가 나온 건지, 기억을 떠올려도 감당할 수 있게 된 건지 한 움큼의 이야기를 쏟아냈고, 우리는 길고도 진한 애도 과정을 함께했다.

남들에게 하고 싶지 않은 이야기, 우리는 그걸 '비밀'이라고 한다. 떠올리고 싶지 않거나 남들에게 알리고 싶지 않은 이유는 다양하다. 그리고 누구에게나 비밀이 있다.

어렸을 때 나는 택시 기사인 아버지가 부끄러웠다. 대학 1학년 때 여행길에 친구들과 택시를 탔는데 택시 기사가 길을 잘못 드는 바람에 요금이 예상보다 훨씬 많이 나왔다. 택시에서 내리면서 친구들은 툴툴대며 기사를 욕했다.

"저 사람 길 다 알면서 일부러 돌아간 거야! 돈 몇 푼 더 벌려고. 택시 기사들은 죄다 도둑놈이라니까!"

그 얘기를 들으면서 마음이 쪼그라들었다. 친구들이 하는 욕이 모두 우리 아버지를 향하는 것 같았다. 기분이 안 좋았지만 아무 말도 못 했다. 괜한 열등감. 그 후로 아버지에 관한 이야기가 나오면 그냥 피해버렸다.

대학 시절 나는 다른 사람에게 꽤나 '괜찮은 사람'이고 싶었다. 인정에 목말라 있었고 모두에게 사랑받고 싶었다. 아버지 이야기를 숨기면서까지 '흠이 없는 사람'이고 싶었다. 그래서 불안했다. 뭔가를 숨긴다는 건 에너지가 많이 드는 일이다. 혹시라도 누군가 '너희 아버지 뭐하시니?'라고 물어볼까 봐, 내가 어색해하는 걸 누군가 눈치챌까 봐 늘 신경을 곤두세웠다. 비밀이 많은 사람이 그렇듯 누가 찌르지 않아도 그냥 찔리고, 누가 쳐다보지 않아도 괜히 살피고, 쓸데

없이 피곤했다.

혹시 당신에게도 숨겨둔 비밀 이야기가 있는지. 아무도 몰랐으면 싶은 이야기, 혹은 떠올리기 싫은 순간, 두 번 다시 겪고 싶지 않은 일, 다시는 돌아가고 싶지 않은 순간이 있는지.

그게 무엇이건 간에 혼자 꽁꽁 감춰두고 자신만 탓하지는 않았으면 한다. 우리는 자신의 의지와는 상관없이 누군가에게 상처를 주는 '가해자'가 되기도 하고 상처를 입는 '피해자'가 되기도 한다. 그럴 의도가 전혀 없었는데도 말이다.

세상일이 복잡하게 얽혀 있는데 '내가 그때 그러지 않았더라면' 하고 혼자 끙끙 앓으며 자신을 책망하는 나날을 보내고 있다면 한 번쯤은 '과연 정말 그럴까?', '그때 그 일이 정말, 죄다, 내 잘못일까?' 의심해보기 바란다.

혹은 비밀을 꽁꽁 감춰두는 이유가 '사랑하는 사람에게 상처를 줄까 봐, 문제를 만들고 싶지 않아서, 굳이 지금 와서 말해 뭐해'처럼 다른 사람을 먼저 배려해서라면 자신에게 한 번쯤 물어보기 바란다. '그래서 내 마음은 괜찮은 거야? 그냥 묻어둬도 괜찮겠어?'

아무도 몰랐으면 싶지만 단 한 명, 나는 알고 있다. 그러니 숨겨야 할지 드러내야 할지 고민이 된다면 '어떻게 하는 게 나한테 득이 될까?' 자신에게 질문을 던지기 바란다. 만약 마음에 묻어두는 게 자신에게 득이 된다면 그렇게 해도 좋지만 숨기려고 애쓰는 게 더 괴롭다면 드러내는 게 낫다.

숨겨둘 수밖에 없었던 사정을 이해해줄 사람, 어떤 이야기를 해도 '그럴 수 있었겠다'라고 마음으로 이해해줄 사람, 내 이야기에 진심으로 궁금해할 사람을 만나게 된다면 더 늦기 전에 꺼내보기 바란다.

## 마음이 더 외로워지지 않게

# 자신을 위해 노력하려는
# 마음의 시작

팔다리가 부러지면 정형외과에 가고 감기에 걸리면 내과나 이비인후과에 간다. 증상이 명확할수록 어디에 가야 할지 뚜렷하다. 하지만 마음에 난 상처는 찬찬히 들여다보지 않으면 판단하기가 어렵다. 얼마나 아픈 건지, 언제 어디로 찾아가야 할지 알아내기 쉽지 않다. 대체 뭘 보고 판단해야 하고 어떤 전문가를 찾아가야 할까?

아리송한 마음에 인터넷으로 검색해보기도 한다. '우울, 상담, 정신' 등의 검색어를 들이밀고 누군가의 후기도 읽어본다. 누군가의 경험담은 읽을 때는 도움이 되지만 그건 어디까지나 '그 사람 이야기', 과연 나에게도 적용되는 이야기인지 의심스럽다.

인근에 병원이 몇 군데 있는데 막상 찾아가려니 엄두가 나지 않는다. 괜히 갔다가 '뭐 이런 걸로 왔냐'는 시선을 받지는 않을까, 보험 기록에 남지는 않을까, 나중에 취업이나 진학에 불이익이 가지는 않을까, 이런저런 고민에 주저하게 된다.

그렇다고 상담센터에 가자니 이상한 상담사를 만나지 않을까 걱정이 된다. 뉴스에 보면 자격 없는 허울뿐인 상담사도 많다는데 사기꾼에게 걸릴까 두렵기도 하다. 게다가 시간당 십만 원이라는 상담료도 상당히 부담이다. 고민만 하다가 시간은 가고 바쁜 생활에 쫓기다 보면 결국 흐지부지. 그냥저냥 살아지는 데 만족하거나 심각한 문제 패턴에 적응해버리고 만다.

어디를 가야 할지, 뭐가 문제인지 모르겠다면 일단 어디든 ==지금 만날 수 있는 전문가를 찾아갔으면 한다.== 병원이어도 괜찮고 상담센터여도 괜찮다. 찾아보면 공공기관에서 운영하는 상담기관도 꽤 여럿이다. 학생이라면 교내 상담센터가 있을 것이고 직장인이라면 사내 상담사 혹은 연계된 외부 협약상담기관이 있는지 알아보자. 각 시군구에 정신건강복지센터, 건강가정지원센터, 청소년상담복지센터도 있다.

혼자 고민하지 말고 '근처'에 있는 정신건강 전문가를 찾아서 현재 상태를 점검하고 어떤 치료 방법이 좋을지 의논했으면 한다. 검사만으로 끝낼지 심리상담을 지속할지 약물치료를 할지 여러 방법을 병행할지 함께 결정하는 거다. 마음은 찬찬히 들여다보지 않으면 어느 정도 아픈지 잘 모를 때가 많다. 그러므로 치료 계획을 세우는 것부터 전문가와 함께했으면 한다.

만약 주변에 당장 이용 가능한 전문기관이 없다면 우울감이나 스트레스에 관한 기본적인 자가 검진을 해보는 것도 좋다. 한두 가지로 판단하기 어렵다면 여러 검사를 중복해서 실시해본다. 검사 항목을 통해서 자신이 겪고 있는 증상을 구체적으로 알게 되면 그 증상이 수일간 지속되는지, 생활에 불편을 줄 정도인지, 자제가 안 되는지 등을 곰곰이 생각해본다. 주관적으로 느끼기에 괴롭고, 직장이나 가정에 영향을 줄 정도라면 비용을 들여서라도 전문가를 찾아야 한다.

### 정신건강의학 전문의 vs 상담심리사

정신병원에 갈지 상담센터에 갈지 고민이라는 질문을 의외로 많이 받는다. 이 질문에 대한 답은 어디든 가고 싶은 데로 가라는 것이다. 보통 병원은 중증의 정신질환을 다루고 상담센터는 그보다 경미한 수준의 문제를 다룬다고 생각하지만 사실 그 구분이 뚜렷하지 않다. 무엇보다 찾아가는 사람의 입장에서는 자신의 문제가 중증인지 경미한 수준인지 모르는 경우가 많기 때문이다.

한 번은 병원에서 공황장애 진단을 받고 약물치료를 하다가 전문의의 추천으로 상담센터에 온 분이 있다. 약을 먹으면서 공황 증상이 차츰 완화되었지만 약에 대한 의존을 줄이기 위해서는 '완벽해져야 한다는 강박관념', '실패에 대한 과도한 두려움'을 이겨내야 했다.

반대로 심리상담을 원해서 왔다가 병원에 보내지는 경우도 있다. 증상이 뚜렷해서 사회생활에 막대한 지장을 줄 때, 인지능력이 현저히 저하되어 상호작용이 어려울 때, 그 외 증상의 심각도와 여건을 종합적으로 고려해서 심리상담보다 약물치료가 더 효과적이라고 판단될 때 내담자의 동의를 얻어 병원에 의뢰한다.

또 어떤 경우는 약물치료와 심리상담을 병행하기도 한다. 우울 증상과 불면증이 심각했던 50대 여성분이 있었는데 밤에 잠을 제대로 못 자니 예민해져서 가족과 부딪치는 일이 많아지고 무단결근으로 직장에서도 잘릴 위기였다. 단기간 안에 증상이 개선되지 않을 경우 삶이 무너지는 속도가 더 빠를 것 같았다. 적극적인 개입이 필요했기에 약물치료를 하면서 가족 모두 심리상담을 병행했다.

약물치료가 효과적인지, 심리상담이 효과적인지, 병행하는 것이 효과적인지는 개개인의 상황에 따라 다르다. 각 방법은 장단점이 있고 개인의 상황과 증상에 따라 달라진다. 그런데 사실 치료법보다 더 중요한 요인이 있다. 바로 '치료자와의 관계'다. 병원에 가든, 상담센터에 가든 '사람'이라는 치료제가 가장 강력한 도구다.

평상시 의사에 대한 믿음이 있으면 약물치료 중 부작용을 겪어도 의사를 의심하기보다는 약을 의심한다. 다른 약으로 바꾸면서 치료를 이어나간다. 그런데 의사에 대한 믿음이 없으면 치료 자체를 거부한다.

'의사가 하라는 대로 했는데 이 약만 먹으면 머리가 텅 비어서 바보가 돼버려. 이제 약 안 먹을래.'

상담도 마찬가지다. 상담사와 내담자가 서로 마음을 주거니 받거니 하면서 '치료 관계'가 맺어지는데 그 관계가 어떤지에 따라 상담 성과가 달라진다. 좋은 상담사는 내담자와의 관계를 견고하게 잘 맺는다.

==사람에게 상처받은 마음은 결국 사람과의 관계 회복을 통해서 치유된다. 증상에 가장 효과적인 치료법을 찾는 것도 중요하지만 치료하는 사람 나름이기에 결국은 어떤 사람을 만나는지가 가장 중요한 변수가 된다.==

그렇다면 수많은 정신건강 전문가 중에서 '나와 잘 맞는 사람, 내가 믿을 수 있는 전문가'는 어떻게 찾아야 할까? 학력, 자격, 경력 등은 전문성을 가늠하는 밑바탕일 뿐 그것만으로는 알기 어렵다. 드러난 이력으로 잴 수 없는 부분이 분명 있다.

눈을 마주치고 싶고, 마음을 받아줄 것 같고, 함께 있을 때 안정감을 주는 사람. 그런 정신건강 전문가를 어떻게 찾을 수 있을까. 아쉽게도 왕도는 없다. 유일한 방법은 일단 만나보는 거다. 인터넷만 붙잡고 이불 속에서 고민해봤자 결론이 안 난다. 시행착오를 무릅쓰고 나를 위해 노력해보는 거다.

누구든 만나보고 느끼고
경험해야 알 수 있다

# 적나라하게
# 자신을 볼 수 있는 시간

보통 상담은 일대일로 이루어진다. 해결하고 싶은 문제를 가지고 도움을 요청한 내담자, 함께 해결해가는 상담사, 이 둘의 관계다. 상담에서 어떤 주제에 대해 이야기할지 함께 정하고 무엇을 이루고 싶은지 얘기하고 그때그때 일어나는 복잡한 감정과 생각을 세밀하고 깊이 있게 다룬다. 치료 관계가 잘 만들어지면 다른 사람에게는 말하기 어려운 비밀을 솔직하게 드러내면서 후련해지기도 하고 자신을 있는 그대로 받아들이면서 한층 성장해간다. 하지만 개인상담만으로 부족할 때가 있다.

30대 초반 중소기업 연구원이었던 영호 씨는 직장에 잘 적응하지 못해 어려움을 겪고 있었다. 직장동료들과의 대화에 자연스럽게 스며들지 못했고 점심도 혼자 먹었다. 사내 정보를 흘려줄 친한 동료가 없다 보니 남들이 다 기피하는 프로젝트를 떠맡기도 했다. 업무량은 많았지만 수고를 인정해주는 사람은 없었다. 영호 씨는 직장동료들이 자신을 '거부'한다고 믿었다.

개인상담을 하면서 초반에는 어색했지만 회기를 거듭할수록 영호 씨는 자연스러워졌다. 일상적인 대화도 하고 자신의 속내도 곧잘 털어놓으면서 편하게 대화를 주고받았다. 다만 영호 씨는 대화할 때 상대방의 반응을 지나치게 살폈고 반응이 좋지 않다 싶을 때는 입을 닫았다. 그럴 때면 '화났나?' 싶을 정도로 무뚝뚝한 표정이었다.

영호 씨의 일방적인 침묵이 상대에게 어떻게 받아들여지는지 있는 그대로 솔직하게 들려주었다. 영호 씨는 본인이 대화를 할 때 실수할까 봐 과도하게 긴장한다는 걸 알게 되었다. 그럴 때면 뚱한 표정이 되어 상대에게 안 좋은 인상을 남긴다는 것도.

대화할 때 어떤 부분이 문제인지 알게 되었지만 회사 사람들과 자연스럽게 어우러지는 부분은 쉽게 나아지지 않았다. 영호 씨에게는 다양한 사람들과 상호작용하는 연습이 필요했다. 사회초년생인 영호 씨가 부담 없이 참여할 수 있도록 서울시에서 지원하는 청년 대상 집단상담을 추천했다.

집단상담은 일대다가 만나는 상담이다. 비슷한 고민이 있는 사람들이 모이는 집단도 있고 다양한 주제가 얽혀 있는 집단도 있다. 특정 목표를 위해 정해진 순서대로 프로그램을 따르는 '구조화 집단'도 있고 모임 구성원이 자유롭게 이야기를 주고받는 '비구조화 집단'도 있다.

집단상담의 형태, 목표, 구성은 다양하지만 공통된 이점은 여러 사람들과의 상호작용을 배울 수 있다는 점이다. 비슷한 고민이 있는 집단의 경우 다른 사람이 토로하는 고민을 들으면서 '나만 그런 게 아니구나' 하면서 안도하게 된다. 마치 거울을 보듯이 다른 사람의 모습에서 자신의 모습을 보면서 스스로 성찰하고 반성하기도 한다. 집단끼리 똘똘 뭉치는 응집력이 생기면 소속감과 협동심도 생기고 관계에서의 애착도 경험한다.

영호 씨는 20~30대 사회초년생을 위한 집단상담에 참여했다. 십여 명이 둘러앉은 자리에서 자신의 이야기를 나누는 경험 자체가 영호 씨에게는 연습장이었다. 여럿이서 잡담이 오고 갈 때 자연스럽게 스며드는 게 영호 씨의 목표였다.

집단상담, 그중에서도 자유로운 주제가 오고 가는 비구조화 집단상담은 '작은 사회'다. 초반의 탐색전이 끝나면 암암리에 위계가 생기고 관계가 형성되면서 다양한 역동('전이', '역전이' 등으로 상대방의 심리가 자신에게 투영되는 현상)이 생긴다.

영호 씨는 첫 만남부터 곧잘 대화하며 어울리는 다른 또래들을 보면서 부러운 마음에 괜히 왔다고 후회했다. 하지만 자신의 차례가 되어 직장 부적응 문제를 꺼냈을 때 다른 사람들이 각자 비슷한 경험을 들려줘서 위로를 받았다.

그렇다고 집단상담이 좋았던 것만은 아니다. 영호 씨의 이야기를 들은 한 취업준비생은 '배부른 고민'이라면서 쏘아댔다. 영호 씨는 그 친구에 대한 미안함으로 더는 얘기를 꺼내지 못했다. 뭔가 찝찝하고 억울한 동시에 '그래도 난 취업이 돼서 다행이다'라는 생각도 들었다.

만약 영호 씨의 적응 수준이 상대적으로 위태로운 상태였다면 집단상담을 추천하지 않았을 것이다. 심리적으로 취약해져 있을 때는 집단상담에서 경험하는 날것의 역동이 나에게로 향하는 공격처럼 느껴질 수도 있기 때문이다. 가령, 문제가 위급하거나 원인과 해결 방법이 복잡하고 여러 명 앞에서 공개적으로 얘기하는 것에 불안과 공포가 심하다면 개인상담이 더 적합하다. 집단상담은 여러 사람의 솔직한 피드백이 오가기 때문에 상대적으로 심리 상태가 건강한 편일 때 참여하는 것을 추천한다.

## 개인상담 vs 집단상담

==개인상담은 일대일의 만남이다. '나'라는 사람에게 초점이 맞춰지며 내적인 역동을 깊이 다룬다.== 상담사와의 관계를 통해 타인과의 관계를 돌아보면서 내가 그동안 어떻게 관계를 형성해왔는지 객관적으로 살핀다. 문제가 되는 부분을 인식하고 앞으로 어떻게 해나갈지 결정한다. 부부간의 갈등이어도 혼자 개인상담을 할 수 있다. '부부 문제니까 당연히 둘이 함께 와야지'라고 생각할지 모르나 개인상담을 통해 '나'라는 퍼즐이 잘 맞춰지면 나중에 부부 공동의 문제를 다룰 때 성과가 좋다.

==집단상담은 일대다의 만남으로 집단의 역동을 다룬다. '관계에서 드러나는 나'에 초점이 맞춰진다.== 상담 구성원과의 관계를 통해 다양한 상호작용을 경험하며 관계에서의 내 모습을 적나라하게 엿볼 수 있다. 그러한 모습을 제대로 직면(내담자의 자기이해를 돕기 위해 상담사의 눈에 비친 내담자의 행동 특성 또는 사고방식 스타일을 지적하여 자신을 되돌아보고 통찰하도록 하는 직접적인 자기대면 방식)하고 받아들이는 과정이 집단상담이다. 비밀 보장을 서약하지만 집단상담은 개인상담에 비해 비밀 유지가 취약하다. 또한 다른 사람의 피드백을 예민하게 받아들이거나 심리적으로 위급한 상태라고 판단된다면 집단상담보다는 개인상담을 먼저 하기를 권한다.

나에게 맞는 상담을 찾아내는 열쇠는
나에게 있다

# 마음을
# 정리하는 힘

결혼 십 년 차 명희 씨는 유독 말이 빨랐다. 성격이 급하다기보다는 하고 싶은 말이 많은 듯했다. 두서없이 생각나는 대로 혼잣말하듯 대화했다. "잘 지냈어요?"라고 물으면 "어제 마트에 다녀왔어요"라고 말하는 식. 상대방이 뭘 묻고 있는지 파악할 마음의 여유가 없어 보였다.

명희 씨 남편은 보험회사에서 영업직으로 일하고 있었다. 남편은 야근과 출장이 잦았고 육아에 소홀했다. 주변에 도움받을 친척 한 명 없었던 명희 씨는 몇 년간 독박육아를 했다. 주말이라도 남편이 아이와 함께 놀아주기를 바랐지만 남편은 남편대로 늘 피로에 찌들어 있었다. '그래, 돈 버느라 고생이겠지' 하면서 명희 씨는 힘든 시간을 버텼다.

그런데 어느 날 남편이 늦잠을 잤다. 아침 9시가 되도록 일어나지 않는 남편을 허겁지겁 깨웠더니 오히려 짜증을 냈다. 알고 보니 남편은 명희 씨에게 아무 의논도 없이 사직서를 내고 온 거였다.

갑작스러운 퇴직이 당황스러웠지만 이직 준비를 한다는 말에 6개월을 지켜봤다. 매달 꼬박꼬박 나가는 대출이자, 공과금, 보험금, 생활비, 가계 빚은 점점 늘었다. 남편은 직장을 알아보는 건지 어떤지 가타부타 말이 없고.

남편이 집에 있는 시간은 늘었지만 그렇다고 육아나 집안일을 돕지도 않았다. 아이 등하원 시간에는 혼자 산책하러 나갔고 주말 나들이는 돈이 많이 든다며 차단했다. 남편은 삼시 세끼를 꼬박 챙겨 먹는 자취생이 되어갔다. 당장 먹고 살 일이 막막해진 명희 씨는 마트 계산원으로 취업을 하려 했다. 남편에게 아이 등하원만 해 달라고 부탁했지만 남편은 그마저도 거절했다.

명희 씨는 남편이 도저히 이해되지 않는다며 분통을 터뜨렸다.

"선생님, 남편 속을 정말 모르겠어요. 대화가 안 돼요. 그동안엔 독박육아를 해도 남편이 돈 벌어오니까 그걸로 참았는데 이젠 참을 필요도 없는 것 같아요. 갈라서자는 건지 뭔지. 대체 뭐가 문제죠? 혹시 제가 문제인가요?"

오랫동안 묵혀온 감정은 실체를 잃어버린다. 대체 뭐가 문제인지 정의할 수 없을 만큼. 명희 씨는 결혼 이후 직장을 그만두면서 사회적 관계를 잃었다. 대신 성실한 아내, 따뜻한 엄마가 되었다. 독박육아를 참아내면서 '내 시간, 내 욕구'를 잃었다. '내 시간'을 누리기 위해 남편에게 '주말 몇 시간이라도 아이 좀 봐줘'라고 요구해도 됐으련만. 명희 씨는 긴 시간 동안 욕구를 누른 채 남편의 무관심을 감싸줬다.

참아온 속내가 많은 만큼 혼란도 깊었다. 가장의 책임감도 없는 남편이 원망스러웠고 결혼 후에 직장을 그만둔 일이 후회되었다. '아이랑 24시간 붙어 있지 말고 시간제보육서비스라도 받아보는 건데' 하는 생각이 뒤늦게야 들었다. 명희 씨는 과거를 후회하면서 자책했다. 자신에게 무슨 문제가 있어서 이렇게 된 것 같았다.

명희 씨의 감정만으로는 해결이 되지 않을 것 같았다. 아내에게조차 말하지 못하는 남편의 속사정이 궁금했다. 명희 씨에게 남편과 함께 상담에 올 수 있겠냐고 물었다. 남편은 명희 씨가 상담받는 것을 탐탁잖게 여겼지만 다음 시간 상담실에 나타났다. 명희 씨가 이혼 얘기까지 들먹이니 억지로 왔을 것이다.

명희 씨 남편은 가난한 집안에서 자라나 돈에 대한 강박감이 심했다. '돈을 벌어야 한다'는 압박, '가장이 돈 못 벌어오면 가족을 지킬 수 없다'는 신념이 있었다. 결혼 직후, 보험회사 연구직에서 영업직으로 자리를 옮겼다. 야근과 출장이 잦았지만 실적이 좋으면 성과급을 받을 수 있었다. 돈을 많이 벌어서 가족들 밥 굶기지 않고 보란 듯이 잘 살고 싶었다.

최선을 다했지만 영업직은 도무지 적성에 맞지 않았고 실적도 못 냈다. 자신감을 잃어가던 어느 날, 자의반 타의반으로 퇴사를 했다. 퇴사하고 며칠간은 회사에서 벗어났다는 해방감에 좋았는데 집에 있는 시간이 많아지니 아내와 계속 부딪쳤다.

한심하다는 듯 쳐다보는 아내의 눈초리. 주방에서 물을 따라 마시고 거실 소파에 누워서 리모콘을 만지작거리는 평범한 행동에도 아내의 시선이 느껴졌다. 남편은 숨이 막혔고 그럴 때마다 공원에 산책을 나갔다. 아내와 부딪치는 대신 밖으로 나가는 걸 택한 것이었다. 그렇게 땀 흘리면서 가볍게 뛰다 보면 기분이 좀 나아졌다.

예상보다 이직은 쉽지 않았고 자신감이 점점 떨어졌다. 앞날이 막막했고 그런 자신이 비참했다. 하지만 그런 모습을 아내에게는 들키고 싶지 않았다. 어릴 적 능력 없는 아버지 때문에 모질게 고생한 어머니를 떠올리며 아내마저 그렇게 만들 순 없다고 생각했다.

남편은 아내의 취업을 자신의 무능으로 인식했다. 몸이 부서져라 혼자 버티면서 가장으로서의 책임감을 다져왔을 것이다. 돈을 벌어야 사내 몫을 다한다고 여기면서 말이다.

명희 씨는 남편의 이야기를 비교적 묵묵히 들었다. 평소 말수가 없던 남편이었기에 처음 듣는 얘기가 많았다.

"몰랐던 걸 많이 알게 됐네요. 결혼한 지 십 년이 넘었는데."

몰랐던 걸 알게 되었다는 말이 반가웠다. 남의 이야기를 귀 기울여 듣지 못하는 명희 씨가 이제야 귀를 여는 것 같았다.

하지만 몰랐던 부분을 안다고 다친 마음이 낫는 건 아니다. 제3자인 상담사는 명희 씨와 남편의 마음이 다 이해된다. '그럴 만했네요'라고 말해줄 수도 있다. 그러나 당사자들의 입장은 다르다. 남편이 집안을 혼자 책임지려 과도하게 애쓸 때 아내는 소외당했고 상처 입었다. 실직 후 아내의 무시하는 듯한 눈초리와 잔소리를 듣고 남편은 그나마 남아 있던 자존감마저 바닥을 쳤다. 상처받은 경험은 머리로 이해된다고 사라지지 않는다.

==상대의 이야기에 귀 기울이고 자신의 과거를 되짚는 것은 무엇이 문제인지 혹은 누구에게 문제가 있는지 가늠하기 위한 출발점이다. 반대로 '혹시 나한테 문제가 있는 걸까?' 하는 생각이 든다면 혼란을 정리하기 위해 상대의 이야기를 듣고 나의 속마음을 들여다볼 필요가 있다.==

상담받고 나서 '좋았다'라는 것은 대부분 '혼란스러운 마음이 정리됐다'라는 뜻이다. 어질러진 방안을 치우듯이 마구 엉킨 감정을 풀어헤치고 차곡차곡 정리하는 과정.

"그때 제 마음이 이랬고요, 이렇게 하고 싶었는데 못 했고요, 그래서 지금 이렇게 됐고요"라고 주절주절 늘어놓다 보면 버릴 감정은 버리고 담아야 할 감정은 담게 된다. 마음을 어떻게 정리해야 하는지 안목이 생긴다고 할까.

그리고 자신의 마음에 벌어진 혼란을 정리하는 데 숙달될수록 회복력이 좋아진다.

외부 자극으로 휘청거려도

다시 중심을 잡아내는 의지

평상심을 회복하는 힘

당신이 상담을 했으면 하는 이유다

# 온전히
# 자신의 선택이기를

심리상담은 보통 50분씩 진행하는데 한 회기에 비용이 십만 원 정도다. 물론 상담료는 상담사의 경력에 따라 달라진다. 명성 있는 전문가는 십만 원을 훌쩍 넘기도 하고 아직 수련생인 경우는 그보다 적다.

심리적 원인을 찾고 해결하는 과정이니만큼 상담은 보통 여러 번 진행된다. 주 1회 3개월을 지속할 경우 상담료만 백만 원이 넘는다. 상담 전에 받는 심리검사도 종류에 따라 5~30만 원, 필요하면 그 이상이 되기도 한다.

비용을 계산해보면 '이걸 해야 하나' 고민이 된다. 상담이 효과가 있을지 확신도 없는데 힘들게 번 돈을 이렇게 쓰는 게 맞나 싶다.

내 문제도 힘든데 거기에 돈 걱정까지 얹으려니 마음이 절로 무거워진다. 그래도 이왕이면 상담업계에서 유명한 사람을 찾아가고 싶은데 그러자면 비용이 많이 들 것 같고, 적당한 선에서 타협하자니 상담 효과를 보장받기 어려울 것 같아 망설여진다.

사실 상담료는 공식적으로 정해진 금액이 없다. 법적으로 규정된 바가 미비하기 때문에 그저 '통상적인 가격'으로 정할 뿐이다. 나와 경력이 비슷한 옆집 상담사가 회기당 십만 원을 받으면 나도 그렇게 받는 식. 상담 경력이 늘면서 내게 상담을 받으려는 사람들이 많아지면 가격을 조금씩 올리기도 하고.

상담센터 규모나 체계에 따라 상담료가 달라지기도 한다. 대형 상담센터는 시설, 임대, 운영 등에 상당한 비용이 들기 때문에 개인이 지불한 상담료가 고스란히 상담사에게 가는 게 아니다. 보통은 센터와 상담사가 상담료를 비율로 배분한다. 그러니까 내담자가 십만 원을 지불하면 사전에 합의한 비율대로 상담사의 실제 보수가 결정된다. 그 비율은 상담사의 경력, 자격에 따라 다르지만 보통은 5:5 정도다.

상담료를 십만 원 냈는데 5만 원 수준의 상담을 받았다는 걸 내담자는 당연히 모른다. 자신이 낸 돈이 있기에 당연히 그 정도 수준의 상담이려니 생각할 뿐.

그럼 상담사들이 대형 상담센터에 안 가면 되지 않냐 생각할 수도 있지만 그게 쉽지 않다. 대형 상담센터는 매체 홍보가 잘되어 있고 대부분 역세권에 위치해 있어서 사람들이 많이 찾는다. 상담 수련과 안정적인 수입을 위해 상담사들은 '울며 겨자 먹기'로 고용 계약을 맺는다.

==누군가 상담센터를 추천해 달라고 하면 제일 먼저 실제 지불한 상담료만큼의 상담이 이루어지는 곳인지 보라고 한다.== 인테리어가 멋지고 교통이 편리하고 주차 시설이 잘되어 있고 접수 안내원이 친절하게 응대한다고 해서 상담을 잘하는 게 아니다.

숙련된 상담사가 운영하는 내실 있는 상담센터가 좋다. 내가 낸 상담료가 십만 원이면 십만 원 수준의 상담을 받을 수 있는 곳, 규모가 작고 역세권이 아니더라도 상담 철학이 있고 나름의 체계가 잡힌 곳을 추천한다.

문제는 그런 내실 있는 상담센터를 일반인이 알아내기가 어렵다는 데 있다. 상담 관련 자격증만 대략 4천 개가 넘는 마당에 누가 진짜 제대로 상담을 하는 전문가인지 구분하기 쉽지 않다. 전문 자격에 대한 공식적인 검증, 인허가 체계가 없기 때문이다.

보통은 민간 학회가 자격을 취득하기 위한 수련 과정을 만들어놓고 그 과정을 이수한 자에 한해서 자격을 부여한다. 하지만 일반인은 어떤 학회의 자격 제도가 더 까다롭고 우수한지 구분하기 어렵다.

자격 관련 법률이나 정책이 부족하기에 상담료 기준도 정해져 있지 않다. 언젠가 센터에서 시간제 상담사를 채용할 일이 있었는데 시간당 상담료로 얼마를 지불해야 하는지를 두고 한참을 고민했다. 상담사라는 자격이 국가공인 자격이 아니기에 공식적인 급여 기준이라는 게 없다. 정해진 기준이 없으니 위에서는 합당한 근거를 찾아오라며 계속 반려를 했다.

  결국 건강가정지원센터, 정신건강복지센터 등 공공기관에서 외부 상담사를 고용할 때 상담료를 어떻게 책정하는지 30군데 넘게 조사를 했다. 조사 결과는 관련 기준이 없는 것보다 더 참담했다. 상담 자격을 지닌 상담사를 채용하는 데 시간당 1만 5천 원에서 3만 원 수준으로 책정되어 있었다.

  상담 자격을 취득하려면 보통 석사 이상의 학력에 최소 일 년 이상의 수련 과정을 거쳐야 한다. 그렇게 해서 시간제 상담사로 일을 시작하면 거의 최저시급에 가까운 비용을 받는다는 이야기. 기관에 취업해도 사정은 크게 다르지 않다. 정해진 급여 기준이 없기 때문에 학력이나 경력에 비해서 턱없이 적은 연봉을 받는 게 대부분이다.

  나 역시도 한 시간에 2만 원을 받던 시절이 있었다. 그 상담이 잘 진행되고 있는지 점검하기 위해서 십만 원을 주고 자문을 받았다. 생각할수록 눈물나고 한심한 수련생 시절을 보냈기에 나름 한이 많다.

하지만 이건 개인적인 한풀이만은 아니다. 실력 있는 상담사를 구분해줄 공인된 자격 제도가 없는 것은 분명 문제다. 상담 경력에 따른 급여 기준이 없고 상담료에 대한 마땅한 합의가 없으니 상담료가 천차만별인 것이다. 그리고 이 문제는 상담을 원하는 사람들의 경제적 부담으로 이어진다.

올해로 상담 경력 십 년 차, 그간 최소 3천 명은 넘게 만난 것 같다. 보통 한 회기로 끝나지 않고 5~10회기씩 진행했으므로 상담 횟수는 그보다 훨씬 많을 것이다. 이 정도 경력이면 상담센터를 운영하면서 회당 십만 원의 상담료를 받아도 되지 않을까 싶었다. 그러면 주당 일하는 시간은 줄고 그만큼 아이와 더 많은 시간을 보낼 수 있을 테니까 말이다.

하지만 막상 그러자니 고민이 되었다. 누군가 지불한 상담료 십만 원은 그가 밤낮으로 일한 대가이고 상담료를 내지 않았다면 그 돈으로 가족과 외식을 하거나 부모님께 효도했을지 모르니까. 한 달 수입은 정해져 있을 텐데 상담료로 몇백만 원을 쓰는 게 괜찮은가 걱정도 되었다.

나도 예전에 상담받을 때 비용 때문에 고민이 많았다. 그때는 학생이었기에 아르바이트를 해서 상담료를 지불했다. 매달 받는 48만 원 중 40만 원을 상담료로 지불하고 나면 교통비도 없어서 걸어다

녔고, 700원짜리 삼각 김밥으로 끼니를 때우는 날도 많았다. 비슷한 시기에 상담을 받기 시작한 지인은 은행 대출 300만 원을 받아서 정신분석을 받기도 했다. 다행히 그 사람은 대출받은 게 아깝지 않을 만큼 인생에서 큰 보물을 얻었다고 했지만 옆에서 지켜보면서 혹시 상담사에게 착취당한 건 아닌가 마음 졸인 기억이 난다.

상담료가 얼마든 간에 원하는 사람은 상담을 받는다. 경제적 여유가 있는 사람이면 상관없겠지만 살림이 빠듯한 경우엔 당연히 고민이 된다. 고민만 하다가 마음을 접기도 하고 없는 살림을 탈탈 털어서 상담을 받기도 한다. 온전히 그 사람의 선택이다. 하지만 그 선택이 돈 있는 사람에게는 '쉬운 선택'이 되고 돈 없는 사람에게는 '어려운 선택'이 되어서는 안 된다고 생각한다.

상담사의 급여 기준, 상담료에 대한 기준 범위와 함께 상담비용에 대한 부담을 덜어줄 제도적 장치도 많아졌으면 한다. 아동, 노인, 사회취약계층 위주로 시행되고 있는 바우처 제도가 일반화되면 어떨까. 혹은 심리상담이 하나의 공공재가 되어 마을 보건소마다 상담사를 한 명씩 배치하는 건 어떨까. 상담사를 둔 보건소보다 그렇지 못한 곳이 훨씬 많은 실정이니 말이다. 살면서 고민거리가 생기는 순간, 그 순간이 순조롭게 지나가도록 지지해주는 누군가가 있다면 우리 사는 세상이 조금 더 편해지지 않을까.

누구나 쉽게

심리상담을 받는 세상이

왔으면 좋겠다

# 있는 그대로
# 꺼내놓기

　세 번째 직장을 그만둔 날, 그는 그동안 할까 말까 망설였던 상담을 바로 신청했다. 더는 망설일 이유가 없었다. 잦은 이직으로 수입이 일정치 않으니 통장 잔고는 늘 부족했고 뜨뜻미지근했던 연애도 끝나버렸다. 나쁜 일은 왜 연달아 오는 건지 유일하게 편을 들어주던 외할머니도 지난달에 돌아가셨다.

　일도 사랑도 유일하게 안아주던 사람도 다 사라진 상태. 이제 남은 건 다음 달이면 적자가 될 게 뻔한 잔고, 실직 소식을 알면 '그걸 못 버티냐'며 비난할 어머니, 초점 없이 천장만 보고 누워 있을 자신이었다. 절망의 끝. 앞으로 어떻게 살아야 할지 막막했고 왜 이렇게 된 건지 억울했다. 자꾸 뒤처진다는 생각에 조바심이 났다.

 상담을 하면서 그동안 묵혀두었던 슬픔이 봇물 터지듯 나오는 모양이었다. 이것저것 물어보니 그는 기다렸다는 듯이 울음을 터뜨렸다. 한참을 꺽꺽대며 울던 그는 조금 진정이 되어가자 나를 빤히 쳐다보며 물었다.
"선생님, 저 이제 어떡해요?"
 그렁그렁 눈물을 머금은 눈으로 순박하게 물어보니 순간 나도 길을 잃었다. '어떡하냐'는 말을 들으면 나도 모르게 어떻게든 해결해주고 싶은 마음이 든다. 누군가의 딱한 사정을 알아버린 사람의 정상적인 반응. 하지만 어떻게 해줄 수 없다는 걸 알기에 같이 막막해진다. 동시에 무력감도 든다. 상담사가 해결책을 제시해주기를 기대하는 그를 실망시킬까 걱정되고, 상담사의 전문성을 해칠까 불안해지기도 한다.
 말과 말 사이에 존재하는 단 몇 초, 그 짧은 사이로 막막함과 무력감, 걱정과 불안이 오고 간다. 그 안에서 내가 선택한 것은 무책임하다는 비난을 감수하고 '있는 그대로 꺼내놓기'였다.
"그 말을 들으니 막막해지네요. 뭐라도 대신해줄 수 있다면 좋겠다 싶기도 하고요. 뾰족한 해결책을 제시하지 못하는 제게 실망할까 걱정도 돼요. 근데 이런 감정은 지금 당신이, 당신 인생 앞에서

겪고 있는 감정이겠지요. 그래서 그 마음이 느껴져요. 얼마나 아플지…….'

'상담한다고 뭐, 달라지겠어? 그냥 아무 말이나 실컷 하고 가는 거지' 하고 별 기대 없이 오는 사람이 있는가 하면 '상담만 받으면 다 해결될 거야' 하고 잔뜩 기대를 품고 오는 사람이 있다. 자기 이야기 몇 마디만 들으면 상담사가 척척 '정답'을 제시해줄 거라고 생각한다. 그런 기대는 이런 말로 표현된다.

"선생님은 전문가니까 저보다 낫겠죠? 저 같은 사람 많이 보셨을 테니까……. 이럴 때는 어떻게 해야 돼요?"

'내 이야기를 들으면 상담사가 바로 해결책을 제시해줄 것'이라는 환상은 자기도 모르게 생긴다. 문제를 빨리 해결하고 싶은 간절함도 있고 상담에 오기까지 수고한 노력과 비용을 보상받고 싶은 마음도 들 테니 말이다. 그런 마음은 '상담료가 얼만데 돈값은 하겠지'라는 생각으로 이어진다.

하지만 완벽한 해결책을 바로 제시해주기를 원하는 환상은 금방 깨진다. ==상담사들은 대개 미적거리고 굼뜨고 말을 뱅뱅 돌린다.== 물론 '이럴 때는 이렇게 하세요'라고 속성으로 해결책을 내놓는 경우도 있다. 하지만 그럴 때는 상황이 위급하거나, 내담자가 스스로 알아차릴 때까지 기다릴 여유가 없거나, 간혹 방송으로 편집해서 내보내야 할 경우다. 그런 특별한 경우를 제외하고 대부분은 아래와 같이 단계적으로 상담한다. 즉, '내담자가 받아들이는가'를 기준으로 현재 상황을 '이해'하고, 어떤 '방법'이 있는지 안내받고, 마지막으로 내담자가 '선택'하게 한다.

 **첫째, 현재 상황 '이해'하기**

지금 상황을 객관적으로 바라보기. 이 부분은 상담에 와서 자초지종을 설명하는 동안 자신도 모르게 되어 있을 것이다. 상담사는 이것저것 질문하면서 현재 상황과 내담자 자신의 마음을 객관적으로 들여다보게 한다. 그리고 마음이 왜 극한까지 불안해졌는지, 그 마음이 어떤 과정을 거쳐 생겨난 것인지 '마음 과정'에 대해 찬찬히 설명한다. 그리고 나서 그 설명에 동의하는지를 또 물을 것이다. 상담사는 내담자가 받아들이는 만큼만 다가가기 때문이다.

상담사는 내담자의 속도보다 딱 반 발자국 앞서 있다. 너무 빠른 상담사는 내담자를 괴롭게 하고 느린 상담사는 내담자를 답답하게 한다. 이렇게 상담은 딱 반 발자국 앞서서 단계적으로 진행된다.

**둘째, 여러 '방법' 안내받기**

  원하는 것을 얻기 위해 할 수 있는 방법은 여러 가지다. 서울에서 부산까지 가는 방법이 여러 가지인 것처럼. 하지만 대부분 자신의 방식을 고수한다. 서울에서 부산에 갈 때 기차만 타본 사람은 비행기나 고속버스를 탈 생각을 하지 못한다. 기차 타고 가는 게 익숙해서 그 방법만 고수하기 때문이다.

  그런데 만약 내가 원하는 시각에 기차가 출발할 수 없는 상황이 생기면 어떨까? 갑자기 기차 시간표를 바꾼 코레일을 원망하면서 민원을 넣을까, 부산 출장 일정을 이 날짜로 잡은 회사를 탓할까, 사전에 제대로 알아보지 않은 내 부주의함을 비난할까. 온갖 마음이 오가겠지만 얼른 정신을 차리고 다른 차편을 알아봐야 한다. 직접 알아보기도 하고 지인에게 도움을 구하기도 하고 인터넷 검색도 해봐야 한다. 예측할 수 없는 변수 앞에서는 자신이 늘 택하는 방법 외의 다른 대안을 생각해내야 한다.

  상담에서 다루는 '마음 과정'도 비슷하다. 대부분 자신만의 생각, 습관, 가치관을 고수하는 경향이 있다. 거짓말로 얻은 이득이 많은 사람은 계속 거짓말을 하면서 살아간다. 그게 그 사람의 생존 방식이기 때문이다. 그러다 어느 날 사기죄로 고소를 당한다. 어찌어찌

해서 고소가 취하되었고 '다시는 거짓말을 안 하겠습니다'라고 맹세했지만 그 다음부터 그 사람은 절대로 거짓말을 하지 않을까? 그게 그렇게 쉽지가 않다. 사기꾼에게 거짓말은 일종의 기술이고 쉽게 돈을 벌 수 있는 방법이니까. 누구든지 '내가 옳다'고 믿는 방식을 바꾸는 건 쉽지 않다. 그런데 남을 속이지 않고도 돈을 벌 수 있는 방법이 있다면 어떨까? 다른 대안이 있다면? 그렇다면 한번쯤은 생각해볼 것이다. '경찰서 들락거리기도 귀찮은데 이런 방법도 있구나' 하면서.

좌절감은 대개 '내가 할 수 있는 건 다 해봤어. 그래도 안 돼. 더 이상 방법이 없어' 하면서 찾아온다. 하지만 다른 방법은 분명 있다. 내가 살아오지 않은 인생, 가보지 않은 길은 늘 있다. 때로는 내가 해온 방식이 아닌 다른 방식이 있다는 것을 알게 되는 것만으로도 '희망'이 자라난다.

상담에서는 그 사람이 처한 상황에서 해볼 수 있는 여러 가지 방법을 알려준다. '저라면 이렇게 하겠어요'를 포함해서 '사람들은 보통 이럴 때 이렇게 해요', '이렇게 하는 방법도 있고요'라는 식으로 말이다. 그리고 각 방법을 취했을 때의 장단점, 예상되는 난관에 대해서도 이야기한다.

셋째, 스스로 '선택'하기

자, 이제 '선택'이다. 내담자가 스스로 자신이 행할 방법을 선택한다. 때로는 상담사가 제시한 방법이 마음에 들지 않아 제3의 선택을 하기도 한다. 그건 그것대로 괜찮다. 내담자가 실천하기로 마음먹은 방법이 어떤 득이 있고 실이 있을지 또 함께 의논한다. 그 방법이 잘 먹히지 않을 때는 어떻게 할지 대체할 방법은 있는지 같이 궁리한다.

중요한 건 내담자가 '스스로' 선택해야 한다는 거다. 자신에게 선택할 힘이 있음을 믿고 잘될 거라는 희망을 품고 상황이 절망적일지라도 본인이 할 수 있는 선택을 해야 한다. 그래야 책임을 진다. 책임을 져야 '온전한 내 인생'이다.

어찌 보면 '상담사가 완벽한 해결책을 말해줄 거라는 기대'는 의도적으로 실망시켜야 하는지도 모른다. 적어도 나는 그렇게 생각한다. 그래서 "전 앞으로 어떻게 해야 하죠?"라고 간절하게 답을 묻는 내담자에게 그를 실망시키는 위험을 무릅쓰고 이렇게 말한다.

"지금 당장 결정하기는 어렵죠.
찬찬히 함께 생각해나갑시다"

# 예민함을 다루는
# 완충장치

어릴 때 '새침데기'라는 얘기를 많이 들었다. 엄마 손을 잡고 골목 여기저기를 누비다가 동네 아줌마들을 만나면 아줌마들은 나를 뚫어지게 쳐다보다가 "새침데기네~"라고 말했다. 초등학교 때 선생님도 나한테 같은 말을 했다.

"새침데기처럼 굴지 좀 마라."

사실 그때는 그게 무얼 의미하는지 몰랐다. 뭔가 부정적인 얘기일 거라 내심 짐작만 했다.

새침데기. 새침한 성격을 지닌 사람. 국어사전을 찾아보니 '새침하다'라는 건 '쌀쌀맞게 시치미를 떼는 태도가 있다'라고 나와 있다.

역시 부정적인 내용이네. 추측건대 어린 여자아이에게 '새침데기'라고 한 건 귀엽기는 한데 잘 웃지 않고 쌀쌀맞아 보이는 표정을 짓고 있어서 그런 게 아니었을까 싶다.

 동네 아줌마들은 내 표정을 '쌀쌀맞음'으로 읽었지만 나는 '불편함'이라고 말하고 싶다. 수줍음이 많고 예민했던지라 낯선 사람들의 관심을 받는 게 부담스러웠다. 동네 아줌마들에게 둘러싸여서 "예쁘게 생겼다. 귀엽네. 키도 작고" 이런 평가를 듣는 게 싫었다. 공주처럼 예쁘다는 말도 불편했고, 작고 귀엽다는 말도 싫었다.

 사람들의 시선만이 아니라 주변 환경에도 예민한 편이라 익숙한 장소와 환경을 좋아한다. 특히 카페 같은 경우 늘 가던 데에 가고 같은 음료를 시키고 항상 앉던 자리에 앉는다. 반복되는 일상이 유지되기를 원한다. 그중에서 뭔가 변수가 생기면 예민해져서 하던 일에 집중이 안 된다. 일하는 중에도 계속 주변을 살피게 된다.


 그날도 카페에 갔다. 우이동 카페 거리 초입에 있는 2층짜리 벽돌 건물. 아메리카노와 바스크 치즈 케이크가 맛있는 집. 1층에서 주문을 하고 커피를 받아 들고는 2층 귀퉁이에 있는 'ㄱ' 자 모양으로 되어 있는 자리로 향했다. 그 자리는 구석에 짐을 두기도 좋고 의자 밑에 콘센트도 있었다. 자리가 널찍해서 양반다리로 앉아 글을 쓰는 내게는 최적의 자리였다.

그런데 그날 누군가 '그 자리'에 앉아 있었다. 멈칫, 나는 잠시 길을 잃었다. 주변을 살펴보니 구석지고 콘센트가 가깝고 의자가 편한 자리는 이미 차 있다. 남아 있는 자리는 가운데 자리와 작은 테이블 자리. 가운데 자리에 앉으면 주변 소리가 신경 쓰이고 작은 테이블 자리는 노트북을 놓기 불편해서 싫다.

'여기는 이래서 싫고, 저기는 저래서 싫고' 하면서 토를 달고 있지만 그냥 내가 좋아하는 그 자리가 아니어서 싫은 거였다. 카페 자리를 전세 놓은 것도 아니면서 자리를 따지는 게 이상하지만 자꾸 신경 쓰이고 짜증이 나는 건 어쩔 수 없다. 원래부터 내 것이 아님에도 불구하고 뭔가 빼앗긴 기분. 예민함은 이럴 때 드러난다. 하지만 '예민함' 자체가 문제는 아니다. 문제는 이제부터다. 뭔가 건드려졌을 때 예민함은 어떻게 반응하는가.

1번 선택지, 남아 있는 자리 중에서 그나마 제일 나은 자리에 앉는다. 테이블은 작지만 콘센트를 꽂을 수는 있다. 대신 노트북을 무릎에 올려놓든지 커피를 빨리 마셔서 치워버리든지.

2번 선택지, 남아 있는 자리 중에서 그나마 제일 나은 자리에 앉지만 '뭔가 빼앗긴 기분'이 쉽게 사라지지 않는다. 분하고 기분 나쁘다. '내일은 빨리 와야겠다'라고 다짐한다.

3번 선택지, 내가 늘 앉는 자리 맞은편에 앉는다. 그 자리는 콘센트도 없고 자리도 좁다. 이래저래 불편하지만 상대방을 야금야금 야리면서 불편하게 만들어야지. 저 사람이 자리를 뜨면 빨리 앉아야지.

4번 선택지, 내가 늘 앉는 자리 맞은편에 앉아서 극단적으로 외향적인 친구와 시끄럽게 통화를 한다. 재미있든 없든 신나게 웃는다.

"야~ 어유, 몰라몰라. 미쳤나 봐. 진짜 뭐야뭐야~."

가을날 단풍잎 굴러가는 것만 봐도 깔깔대는 여고생이 된 것처럼 시끄럽게 떠든다. 내가 해야 할 일은 뒷전, 그저 단 하나의 목적은 '내 자리'에 앉은 그 사람을 훼방 놓는 것.

여러 선택지가 있다. 이중에서 가장 친숙한 반응은 무엇인지. 사실 어떤 반응을 보일지 마음을 먹고 하는 건 아니다. '나도 모르게' 그렇게 된다. 마음이 편하고 안정되어 있을 때는 1번. 주어진 상황을 빨리 받아들이고 적응하려고 한다. 그런데 마음이 울적할 때는 2번, 과하게 우울하거나 화풀이가 필요하면 3번, 4번도 가능하다.

그런데 3번이나 4번 반응을 보이면 카페에 간 목적이 달라진다. 애초에 혼자 조용히 글을 쓰려는 마음이었는데 이제는 '내 자리'에만 꽂혀서 시간을 보내게 된다. 그건 내가 원하는 게 아니다. 그러니 가급적이면 1번이나 2번 반응이 좋다. 주어진 상황을 빠르게 받아들이고 그 상황에서 그나마 나은 선택을 하는 것, 그리고 나의 원래 목적을 위해 집중하는 것, 그게 나를 위한 선택이다.

하지만 예민한 반응은 나도 모르게 일어나는 것이니 이러한 예민함이 자신에게 피해를 주지 않도록 평상시 마음 상태를 돌보는 게 중요하다. 마음이 편하면 뭔가 거슬리는 상황에도 너그러워진다. 열 가지 보물 중에서 다 잃어버리고 한 가지만 남아도 다행이라는 생각이 든다. 잃어버린 아홉 가지가 아쉽지만 이미 벌어진 일이니 빨리 받아들이고 적응하려고 한다. 평상심으로 돌아가려는 힘, 그래야 자신이 본래 하던 일에 집중할 수 있다.

그럼 어떻게 해야 마음이 편해질까. 나만 잘한다고 되는 것도 아니고 세상일이 다 내 마음처럼 되는 것도 아닌데 말이다. 이럴 때는 큰 기대 없이 딱 하나부터 시작해보면 어떨까 싶다. ==그것이 무엇이든 간에 그걸 하는 순간 살아 있는 느낌이 드는 것, 숨구멍 하나만 만들어놓는 거다.== 세상이 갑갑하게 돌아가도 어떻게든 비집고 들어가 산소를 넣어줄 그런 구멍. 그런 숨구멍이 하나 있으면 마음이 뾰족해지다가도 금세 풀어진다. 뾰족해졌다가 풀어졌다를 반복하면서 오히려 힘이 생긴다.

그러니 마음이 뾰족해지는 걸, 예민해지는 걸 겁내지 말고 미리미리 숨구멍을 찾아두자. 나의 뾰족한 마음이 너그러워지는 숨구멍을.

예민함이 상처가 되지 않도록

완충작용을 해줄 안전지대

# 있는 그 모습 그대로
# 인정하는 것

예전에 어떤 인터뷰에서 질문을 받았다.

"선생님, 가장 성공적이었던 사례 하나만 말씀해주세요."

나는 신이 나서 설명했다. 반복된 가정폭력으로 무기력을 겪던 분이었는데 6개월 동안 상담하면서 자존감을 회복했고 그 후 합의이혼을 하고 취업해서 아이들과 살 보금자리를 마련하게 되었다는 이야기.

그게 상담만의 힘은 아니었지만 워낙 극적인 변화였기에 보건소 심리지원센터의 대표적인 성공 사례가 되었다. 심리상담 주민 홍보용으로 구청 소식지에도 실리고 외부에서 사업 발표할 때도 종종

인용되었다.

하지만 몇 개월 후 내담자의 상황은 달라졌다. 몸이 안 좋아지면서 어렵게 구한 일자리를 그만두었고 나라에서 주는 지원금만으로는 생계를 감당하기 어려웠다. 전남편은 양육비를 빌미로 재결합을 원했고 내담자는 그 제안을 수락하고 말았다. 맞고 살더라도 남편이 벌어준 돈을 쓰는 게 편할 것 같다면서.

어떤 선택이든 내담자가 내린 선택이니 옳다 그르다 할 수는 없다. 누구나 자기만의 삶을 살아가는 거니까. 다만 이 사례를 성공적이었다고 말할 수 있을까에 대해 의문이 들었다. 과연 '성공적인 상담'이란 게 존재하긴 하는 걸까.

삶이 변화무쌍하게 흘러가기 때문에 상담을 종지부 찍듯이 '성공했다, 아니다'로 표현할 수 없다. 그저 상담하기 전과 비교했을 때 달라진 부분, 성장한 부분이 있을 때 '어떤 면에서 상담 성과가 있다'라고 겸손하게 표현할 뿐.

그렇게 겸손하게 표현한 상담 성과도 확신해서는 안 된다. 상담사는 '진전이 있었다'라고 평가한 상담이 내담자에게는 '아쉬웠던' 상담일 수 있고 그 반대의 경우도 있다. 서로가 평가하는 기준이 다르기 때문이다.

상담에 대한 평가가 계속 변하기도 한다. 상담을 마무리하면서

"속 얘기를 다 털어놓을 수 있어서 정말 좋았어요"라고 좋은 평가를 하다가도 어느 순간 '얘기만 들어줬지 해결책을 알려준 것도 아니잖아. 상담받고 나서도 달라진 게 없어'라고 생각하기도 한다.

그래서 상담 성과를 논하는 건 신중해질 수밖에 없다. 상담에서 어떤 목표를 합의하고 내담자와 함께 그 목표를 달성했다 해도 그게 내담자의 삶에 정말 도움이 되었는지는 살면서 두고 볼 일이니까.

예전에 사례회의에 참석했을 때였다. 내담자는 이제 막 결혼한 새댁으로 시어머니와의 갈등 때문에 힘들어했다. 시어머니는 여럿이 모인 자리에서 친정 식구들을 험담했고 "내 아들이랑 결혼했으니 너는 복 받은 줄 알아라"라며 교묘하게 무시했다.

내담자는 시어머니의 모진 말과 간섭에도 뭐라 반발하지 못하고 속으로만 끙끙 앓았다. 그렇게 울분이 쌓여 우울감에 시달렸고 답답한 속을 신경안정제로 달래면서 근근이 버텼다.

상담사는 내담자의 힘든 속사정을 알아주면서 울분을 토해내도록 도왔다. 시어머니에 대한 불만을 겉으로 쏟아내면서 속이 시원해지는 것을 경험하자 내담자는 점점 자신감이 붙었다. 상담사는 내담자가 자기표현을 명확히 잘해내고 있다고 응원했다. 그러한 응원에 힘입어 내담자는 비장한 마음으로 시어머니를 찾아가서 그동안 쌓인 서운함과 울분을 표현했다.

하지만 시어머니는 상담사처럼 내담자의 마음을 받아주지 않았다. 시어머니는 괘씸하다면서 더 크게 화를 냈고 내담자도 '이미 엎질러진 물'이라는 생각에 멈추지 않고 끝까지 쏘아댔다. 결국 집안 싸움으로 번졌고 남편과도 냉랭해졌다.

이런 상황을 이야기하며 한참을 울던 내담자는 그 다음 주부터 상담에 오지 않았다고 한다. 갑자기 일이 생겨서 더는 상담을 할 수 없다고 했다지만 사실 그보다는 상담에서 멀어졌다고 봐야 한다.

우울과 무기력에 빠져 끙끙대던 내담자가 묵혔던 감정을 폭발시키면서 '좋다, 싫다' 자기표현을 명확히 하기 시작했을 때 상담사는 신이 났을 거다. 감정을 억누르고 살던 사람이 자기 목소리를 낸다는 것은 엄청난 변화를 의미하기 때문이다. 하지만 감정을 드러내는 데는 조절이 필요하다. 억눌린 내 감정만 생각하면 일단 다 토해내는 게 맞는 것 같지만 실제로는 그럴 수 없다. 맥락과 상황에 맞게 상대방이 어떻게 받아들일지 고려하면서 감정을 드러내야 한다.

내담자는 어떤 식으로 화를 내야 할지 배우지 않은 상태에서 그대로 밀어붙여 탈이 난 게 아닐까 싶다. 실제로 오래 묵은 화는 한번 세상 밖으로 나오면 더 세게 날뛰는 경향이 있다. 억눌렸던 힘에 대한 반작용 때문일 것이다.

상담사가 그런 부분을 미리 예상하고 대비했으면 어땠을까 아쉬웠다. 이상하게 다른 사람이 한 상담은 아쉬운 부분이 잘 보인다. 객관적인 입장에서 바라보기 때문이겠지. 하지만 시시각각 대화를 함께 이어가는 상담사는 그때그때 전체의 흐름을 알아차리기가 쉽지 않다. 대화에 몰입하는 참여자이면서 동시에 전체를 조망하는 관찰자가 되어야 하기에 결코 쉬운 작업이 아니다.

그걸 알기에 매번 상담이 끝나면 상담일지를 정리하고 몇 회기가 지나면 상담 과정을 구조적으로 정리한다. 내담자가 원하는 바가 무엇인지, 내담자의 삶에서 필요한 부분은 무엇인지, 거기에 맞게 상담이 잘 흘러가고 있는지를 살핀다. 때로는 나보다 경력이 많은 상담사에게 가서 의견(슈퍼비전: 숙련된 전문가가 상대적으로 경험이 적은 상담사의 수행 능력을 높이기 위해 제공하는 평가적이고 교육적인 모든 활동)을 구하기도 한다.

시간과 비용, 노력이 많이 드는 일이다. 하지만 게을리할 수는 없다. 삶은 예측할 수 없이 흘러가고 그 변수에 대비하려는 준비는 아무리 해도 부족하게 느껴지기 때문이다.

그래선지 상담을 마치고 감사 인사를 받을 때마다 복잡한 마음이 든다. 상담을 통해 누군가의 마음을 돌보고 한층 성장하는 모습을 보면 뿌듯하기도 하지만 다른 이의 삶을 들여다본 것에 대한 무거운 책임감도 느껴지니까 말이다. 몇 번의 상담만으로는 어루만져지지 않는 거친 마음을 만나면 무력해지기도 하고.

**엄밀히 말해서 '성공적인 상담'은 없다.** 상담을 끝낼 때 의례적으로 "상담하면서 아쉬운 점이 있었나요?"라고 묻곤 하는데 그럴 때 "아뇨, 다 좋았어요"라고 하면 잘 믿지 않는다. 질문을 건성으로 받아들였을 가능성이 더 크다.

만족스러운 부분도 있지만 아쉬운 면도 있는 것, 그게 자연스럽다. "상담받았더니 모든 문제가 사라졌어요"라고 말하는 건 TV 예능에서나 나오는 얘기다. 삶의 어느 순간도 완벽하게, 아무 고민 없이 흘러가는 때는 없다.

부족해도 그 모습을 인정하는 것

그게 삶을 살아가는 데

도움이 되는 자세다

# 그야말로
# 멋쩍은 순간

"우와, 상담사라고요? 대단하세요."

어린이집 학부모 모임이나 동네 모임에 가서 '상담심리사'라고 소개하면 대부분 긍정적으로 본다. 게다가 남편도 상담사고 시동생도 상담사라는 걸 알면 '너희 집안은 아무런 문제가 없겠다. 상담사가 그렇게 많으니……' 하는 눈길을 보낸다. 사실 그런 건 아닌데. 뭔지 모를 '간극'을 느낄 때 즈음 역시나 "남편이랑은 싸울 일이 없겠어요. 서로 공감 잘해줄 거 아니에요?" 십중팔구 이런 질문이 나온다. 그야말로 멋쩍은 순간이다.

모르는 말씀. 개그맨도 집에서는 묵언 수행하고 요리사도 집에서는 주방에 얼씬도 안 하는 법인데 상담사라고 매번 남들과 잘 지내란 법이 어디 있는가. 그러고 보니 나도 영화감독을 남편으로 둔 친구에게 "너희 남편은 여행 가서 영상 잘 찍어주겠다"라고 속 모르는 소리를 한 적이 있다.

우리 부부는 뭇사람들의 상상처럼 서로에게 늘 친절하지는 않다. 남편은 내게 "당신 지금 내 말 안 듣고 있지?" 하고 비아냥거리고 나는 남편에게 "내가 어떨지 생각해본 적이나 있어?" 하고 소리치면서 산다. 기분이 상할 때도 많고 마음이 안 맞을 때는 더 많고.

그러면서도 둘이 그럭저럭 사는 건 한 발 진격했다가 두 발 물러서는 '펜싱 경기 같은 사이'라서 그렇다. 한 번 소리지르면 두세 번쯤 상대의 표정을 살피면서 몸을 사리고 다시 한 번 질러대는 식.

실상이야 어찌 됐든 사람들이 '상담사'라는 직업에 대해 긍정적인 인상을 품고 있는 건 상담사로 살아가고 있는 내게 반가운 일이다. 도덕적, 인격적으로 수양하고 있는 사람이라는 이미지, 인생의 지혜를 알고 있을 것만 같은 편견이 그리 나쁘지 않다. 인격적으로 완성을 이루기 위해 부단히 노력하는 집단인 건 사실이니까. 하지만 상담사를 바라보는 또 하나의 시선도 있다.

"그거 그냥 들어주면 되는 거 아니오?"

조용한 공간에서 온화한 미소를 머금고 상대의 이야기를 들어주며 고개만 끄덕이면 되는 일, 상담을 그 정도의 일로 바라보는 시선도 있다. 역설적으로 이런 시선은 기관 내부에서 더 자주 접한다. 상담사를 고용한 직장 내에서 말이다.

공공기관에서 사업을 책임지고 관리하는 사람은 대부분 행정가다. 심리지원센터 관리직으로 새로 발령받은 행정 관료는 그간의 상담 실적을 둘러보면서 '효율적이지 않다'라는 말을 먼저 꺼냈다.

"상담 그거, 그냥 들어주기만 하면 되는 건데 그걸 50분씩이나 해요? 20분으로 끝내지? 그러면 실적이 확 늘어날 텐데……."

외부에 드러나는 실적은 그날의 상담 건수로 입력되기에 인원수가 중요하다. 하루에 다섯 명 상담하면 일을 안 한 거다. 하루에 열다섯 명 정도는 해야 그날 밥값을 했다고 보는 거다. 한 사람에게 할애되는 시간이 어느 정도든 간에.

이런 이야기를 들으면 황당하지만 꾹 참고 이야기한다.

"인원수도 중요하지만 상담받은 사람의 만족도도 중요하니까요. 처음 만나는 상담사에게 자기 속 얘기를 꺼내기까지 낯가림을 해소할 시간이 필요하고 상담이 잘 진행되려면 자신의 상황을 설명할 시간도 충분해야 돼요. 상담 후에 늘 만족도 설문을 하는데 평이 아주 좋아요. 상담 시간을 20분으로 줄이면…… 민원이 많아지지 않을까요?"

상담 십 년 차의 짬으로 여차여차하다고 이야기하면 관료는 못마

땅해하면서도 알겠다며 넘어간다. 하지만 이렇게 쥐어짜고 나면 한 차례 자괴감이 밀려온다. 행정 관료의 시선은 상담사라는 직업에 대한 무시를 깔고 있기 때문이다. 그냥 들어주기만 하는 일인데 그게 뭐 대수냐, 그냥 하면 되는 거 아니냐, 그렇게 바라보는.

언젠가 정년을 앞둔 타 부서 과장님이 나를 찾아왔다. 정년 후에 상담사를 해볼 생각인데 어떻게 하면 되는 거냐고 물었다. 사실 누가 상담을 공부해보고 싶다 하면 반가운 마음이 앞선다. 친절하게 설명해주려고 종이와 펜을 꺼내 들었는데 따라 나오는 한마디.
"사실 내가 심리상담사 1급 자격증이 있어. 그거 있다니까 구청에서 복지관 쪽으로 자리 하나 만들어준대. 나도 상담하면서 보람도 느끼고 싶고 말이야. 김쌤이 이쪽 분야 전문가니까 물어보는 거야. 상담 그거 어떻게 하는 거야?"
조심스럽게 펜을 떨궜다. 과장님은 내게 조언을 구하는 게 아니라 사설학원에서 150만 원을 주고 6개월 만에 딴 '심리상담사 1급' 자격증을 자랑하고 있었다. 정말 이 일이 간절했다면 '현장에서 쌓은 상담 경험' 없이 돈만 내면 취득할 수 있는 자격증을 따지는 않았을 것이다. 무분별하게 늘어나는 상담 관련 민간 자격증과 무자격 상담사로 인해 내담자가 손해를 입는 것도 문제지만 그만큼 상담에 대해 부정적인 인식이 늘어나는 것은 아닌지 쓸쓸하다.

'상담사를 바라보는 긍정적인 시선'에 사로잡혀 이 길로 뛰어든 누군가로 인해 '상담사에 대한 부정적인 인상'만 늘어나는 건 아닌지.

상담 공부는 '삶에 대한 공부'이기에 사는 데 도움이 된다. 자신의 삶을 돌아보고 새로운 의미를 찾을 수 있다. 중년이든 노년이든 어린아이이든 상관없이 상담 공부를 하라고 권하고 싶다.

하지만 '상담사가 되기 위한 공부'는 차원이 다르다. ==상담사가 되기 위한 공부는 '나를 이해하는 과정'을 시작으로 '나와 다른 사람을 이해하고 다가가는 과정'이다.== 알다시피 세상 사람들은 다 나와 다르다. 그래서 상담사가 되려면 수많은 유형의 사람들을 만나 관계를 맺고 경험하는 수련 과정이 필요하다. 그러한 경험이 필요하다고 믿는 사람만 상담사라는 직업을 가졌으면 한다.

정년을 앞둔 과장님께는 슬며시 돌려서 말씀드렸다. 일평생 공무원으로 살아서 딱히 재주는 없고 그나마 다른 사람의 말을 잘 들어주니 상담사가 되고 싶다는 과장님의 희망을 뭉개고 싶지는 않았다.

"상담을 바로 시작하는 것도 좋지만 우선은 상담사들이 맡은 사례에 대해 의논하는 '사례회의'에 꾸준히 참석하는 것부터 시작해보세요. 중요한 건 사례회의에서 좌장으로 앉지 마시고 의자를 가지고 제일 뒷자리에 가셔서 '참석자'로 앉아주세요. 사례회의 중에 계속 뭔가 참견하고 싶으실 거예요. 상담사가 왜 저렇게밖에 못 하나

한마디 하고 싶으실 거예요. 그래도 참으세요. 계속 참으세요. 과장님 '의견' 정도는 내도 되지만 '의논'은 하지 마세요."

과장님은 어리둥절한 표정이었다. 내가 하는 말을 알아듣는 건가 의심스러울 만큼. 그나마 유순한 분이어서 화를 내지는 않았다. "사례회의라는 데 가서 뒷자리에서 입 다물고 있으라는 거지?"라고 되묻는 모양새가 영 마음에 안 드는 눈치.

"기관장으로 참석하는 게 아니라 상담사로 참석하는 거니까요. 상담사로 치면 과장님은 아직 초보자니까 궁금한 걸 질문하고 의견은 말할 수 있지만 그걸 밀어붙이려고 하지 마세요. 내담자를 만날 때도 똑같아요. 내담자의 인생에 대해서 상담사는 잘 몰라요. 상담사는 내담자에게 궁금한 걸 질문하고 의견을 말할 순 있어도 그 의견을 강요할 순 없거든요."

떨떠름한 표정을 지어 보이는 과장님께 다음과 같이 말씀드렸다.

"평생을 수직적인 공무원 사회에서 지시하는 데 익숙한 과장님께는 내담자와의 수평적인 관계가 많이 어색하고 낯설 거예요. 그걸 극복하는 게 과장님이 좋은 상담사가 되는 길이라 생각해요."

지금쯤 정년퇴직을 했을 과장님, 초보 상담사의 길을 걷고 있을까 아니면 기관장 자리에서 결재 서류에 클릭만 하는 하루를 보내고 있을까? '그저 들어주는 게 전부라 나도 할 수 있을 것 같다던 상담'을 지금 어떻게 하고 계실지 궁금하다.

사실 세상 사람이 상담사를 어떤 시선으로 바라보는지는 그리 중요치 않다. 문제를 잘 해결해준 상담사를 만나온 사람은 긍정적으로 볼 것이고, 기계적으로 '그렇구나'만 반복하는 상담사를 만나온 사람은 상담을 아무나 할 수 있는 일로 여길 것이기 때문이다.

정말 무서운 건 상담 중에 '나를 향해 있는 내담자의 시선'이다. 상담사가 어떤 마음으로 자신의 이야기를 듣고 있는지 누구보다 예리하게 알아채기 때문이다. 상담사의 실력을 제일 빨리 알아채는 사람도 내담자다.

내담자의 시선 앞에서 당당해지려면

상담사로서 떳떳하기 위해

노력하는 길밖에는 없다

# 살면서
# 계속 풀어갈 숙제

토요일 오후 2시, 오랜만에 친구와 만나기로 했다. 안국역 근처 버스 정류장 벤치에 앉아 친구를 기다렸다. 분주한 사람들, 경적 소리, 부산하고 불규칙한 도시의 리듬. 잠시 도시 풍경에 잠겨 멍하니 있었다. 사람이 가득한 버스에서 누군가 주변을 두리번거리다가 급하게 벨을 누르고 내린다. 내 친구 설화다.

설화는 대학원에서 같이 상담 공부를 한 동기다. 의욕에 비해 어수룩해서 매일 좌절하던 초보 상담사 시절, 그 시절을 설화와 함께 보냈다. 마음을 주던 내담자가 어느 날부턴가 상담실에 오지 않으면 '무슨 일 있나?' 하는 걱정이 들다가 이내 '상담이 형편없으니까 안

오는 거지'라며 자괴감에 빠져들 때 내 곁엔 설화가 있었다. 상담을 하고 시간당 2만 원을 받으면서도 그 상담에 대한 슈퍼비전으로 십만 원을 써야 했던 시절, '내가 가는 길이 맞나?' 의구심으로 혼란을 겪을 때마다 설화는 나를 지지해주었다.

설화는 어떻게든 주어진 환경에 적응하려는 편이었고 나는 뭔가 마음에 안 들면 뛰쳐나가거나 회피하는 편이었다. 내가 화내고 자책하면서 불만을 쏟아낼 때마다 설화는 나를 다독이고 함께 버티자며 응원했다. 아마 설화가 없었다면 1퍼센트의 귀족 상담사와 99퍼센트의 가난한 상담사를 만들어내는 이 상담 업계를 난 진즉에 떠났을 거다. 그런 설화와 오랜만에 만났다. 좀처럼 흔들리지 않고 늘 확신에 차 있던 설화의 얼굴이 어딘가 어두웠다.

"나 요즘 너무 힘들어. 다 때려치우고 제주도 가서 펜션 같은 거나 할까?"

카페 소파 깊숙이 기대 앉은 설화는 허공에 대고 넋두리하듯 말했다.

"왜, 무슨 일 있어?"

"이제 배터리가 다 됐나…… 나 좀 쉬고 싶어."

설화의 목소리가 파르르 떨리기 시작했다. 지그시 감은 눈에서 옅은 눈물이 보였다. 손으로 만져보진 않았지만 눈물의 온도가 느껴졌다. 저 눈물은 아마 펄펄 끓는 용광로보다 훨씬 뜨거울 거다. 가슴

밑바닥에 꾹꾹 묻어두었다가 용솟음치는 눈물이니까. 한참을 아무 말 없이 그냥 있었다. 설화의 용광로가 식을 때까지.

"내가 좀 주책이지? 널 보니까 그냥 눈물이 나서."

"너 안구건조증 아니었네. 만날 울고 짜는 건 나만 하는 건 줄 알았는데."

"아, 오랜만에 운 것 같다. 아침마다 전쟁이야. 아이 둘 키우면서 일하는 거, 힘들 거라 생각했지만 이 정도일 줄은 몰랐어. 이게 내가 원하는 삶인지 하루에도 몇 번씩 물어. 저녁 8시가 돼서야 일이 끝나는데 그때까지 유치원에 남아 있어야 하는 애들한테 죄짓는 기분이고 남편한테 서운한 생각만 들고 그럼 또 마음이 안 좋고 …… 그냥 다 내 잘못인 것 같아. 다 미안하고. 근데 그러다가도 '내가 뭘 그렇게 잘못했지? 난 애쓴 죄밖에 없는데' 그런 생각이 들더라. 내 몸이 닳아서 없어질 것 같아. 아, 내가 지금 무슨 말을 하는지 모르겠다. 그냥…… 이제 좀 지쳤나 봐."

그냥 마음이 저릿하고 아팠다. 설화가 무슨 일을 겪었는지 다는 모른다. 하지만 단단하고 야무진 설화에게서 '지쳤다'라는 말이 나왔다는 건 이미 수백 번의 인내와 수천 번의 뼈를 깎는 고통이 지나갔다는 거다. 뭐든 끝까지 버티려고 했던 친구니까.

설화는 상담 업계의 부조리를 대할 때마다 못 참고 그만두려는 나를 늘 다독였다. 할 수 있다고 조금만 더 버티자고 독려하던 설화는 지금 다른 길을 가고 있다. 이전에 잠깐 몸담았던 IT 계열 회사에서 비교적 높은 연봉을 받고 일하고 있다. 그리고 같은 직장에서 남편을 만나 두 아이의 엄마가 되었다. 우리는 지금 삶의 방식이 완전히 달라졌지만 나는 설화가 흘리는 뜨거운 눈물이 무엇을 의미하는지 알 것만 같았다.

우리 둘 다 선택한 것에 책임을 지려고 애써왔다. 진정으로 원하는 게 뭔지 끊임없이 물었다. '내가 나일 수 있는 자리'를 찾고 싶었다. 내가 나임을 증명하면서 돈을 벌 수 있는 직업을 원했다. 그렇게 고민하고 고민해서 신중하게 진로를 선택했다.

공을 들여 선택을 마쳐도 예상치 못한 변수는 존재한다. 그래서 '이렇게 힘들 줄 몰랐다'고, '열심히 하는데 왜 잘 안 되냐'고, '이런 게 내가 원하는 게 맞느냐'고 스스로 실망도 하고 후회도 한다.

변수란 늘 존재하고 예상치 못한 위험 때문에 걱정과 불안은 계속된다. 우리가 택한 길이 무엇이건 간에 각자는 자신의 길 위에서 고독한 싸움을 이어가야 한다. 애초에 완벽한 선택이란 게 없으니 잘못된 선택이랄 것도 없다. ==지금 불안하고 후회되고 힘들더라도 그게 잘못된 건 아니다. 감정이 격렬하게 휘몰아치더라도 그게 '나'를 무너뜨리지 못한다는 확신을 가졌으면 한다.==

내가 나일 수 있는 자리

그 자리가 어디인지는

살면서 계속 풀어갈 숙제이므로

# 방황의 시간을
# 마치고

　　　　　　　　　　　　　　　의자 두 개, 펜과 노트, 따뜻한 차. 상담을 위해서는 그거면 충분하다. 주로 대화로 진행하니 준비물이 필요 없다. 나이가 들어도 아니 오히려 나이가 들수록 진가를 발휘하는 게 상담이다. 정년에 대한 압박이 없고 노후 준비에 대한 불안감이 적고 전문 자격이니 아이를 키우거나 노부모를 간병하는 상황이 와도 충분히 해나갈 수 있으리라.

　내담자를 만날 때마다 부족한 나를 돌아보게 되니 이만한 스승이 없고 상담사로서 매일 성찰하다 보면 내게 상처 입힌 타인에 대한 분노가 누그러지니 감사하다. 하루하루 나에 대한 이해가 깊어지면서 매일 살아 있음에 자신감이 붙는다.

하지만 상담사가 되겠다고 선언했을 때 나의 상담 선생님은 웬만하면 다른 일을 하라고 권했다. 지극히 현실적인 이유였다. 상담 공부는 오랜 투자가 필요한데 그만한 비용을 지출하기에는 현실이 팍팍했다. 자격증을 따서 관련 분야에 취업한다 해도 돈벌이가 시원찮다는 거였다. 대개 비정규직이거나 누가 물어오면 숨기고 싶을 정도로 박봉이다. 삶을 윤택하게 살기 위해서 공부하는 건 좋지만 생업으로 삼기에는 부족하다고 했다.

상담 선생님의 우려가 무언지는 알아들었지만 그 말을 따르기는 어려웠다. 그때만 해도 돈이 얼마나 중요한지 사회적 지위가 어떤 의미인지 무지했기 때문이다. 무엇보다 진로에 대한 혼란을 끝낼 마침표가 필요했다. 그간 다양한 분야를 넘나들며 수많은 사람과 어울렸던 방황의 시간이 상담 공부를 하면서 득이 됐다. 사람에 대한 경계가 없었고 편견이 덜 했다.

상담 선생님의 우려를 뒤로 한 채 공부를 계속했고 결국 상담사가 되었다. 첫 직장은 청소년수련관이었는데 주 12시간 근무하는 비정규직이었고 시간당 2만 원을 받았다. 세후 월 84만 원. 교통비와 식비를 제하면 40만 원 정도 남는데 인턴 상담사였기에 내가 상담을 제대로 하고 있는지 슈퍼비전을 받으려면 매달 30만 원 정도를 들여야 했다. 한 사례를 시간당 2만 원 받고 상담하면서 교육비로 시간당 십만 원을 내야 하는 이상한 상황. 누가 봐도 적자 구조.

'아, 이래서 선생님이 날 말리셨구나!'

하지만 거기서 끝이 아니다. 정말 힘든 건 상담 역량이 늘지 않고 제자리를 맴도는 것이다. 상담 자격을 취득한다는 건 그야말로 최소한의 기준이다. 유능한 상담사가 되려면 스스로 끊임없이 갈고 닦아야 한다. 요리사가 자신의 요리 도구를 매일 닦고 점검하듯이 상담사는 자기 자신을 계속 들여다보고 안목을 넓혀야 한다. 상담사에게는 '자기 자신'이 가장 중요한 상담 도구다.

그 과정이 말로 표현하기 힘들 정도로 어렵다. 세상과 사람에 대한 안목을 넓히고 깊이 통찰하는 일은 책에도 안 나오고 누군가에게 배워서 될 일도 아니다. 스스로 깨우쳐야 한다. ==사람은 다양하고 변화무쌍하다. 한 사람, 한 사람이 거대한 우주처럼 느껴질 때가 많다. 아직 누구도 가보지 않은 미지의 세계, 광활하고 아득하게 펼쳐진 까만 우주.== 그런 우주를 함께 탐험하는 게 상담사의 몫인데 우주선에 올라타서 마음 깊은 곳까지 다다르는 게 수월할 뿐 펼쳐지는 세계는 매번 다르고 새롭다.

그래서 상담이 참 어렵다. 한 사람의 마음 탐험에 익숙해지는 것도 힘든데 다양한 사람의 특성을 이해하고 받아들여야 하니 말이다. 내담자마다 처한 상황이 다르고 그것에 맞게 해결책을 찾아가야 하므로 절대 만만치 않은 과정이다.

그런데 그 어려운 과정을 상담사는 기꺼이 하고 더 하고 싶어 한다. 나뿐만 아니라 현장에 있는 많은 상담사가 그렇게 한다. 소위 최상위 자격이라는 1급 전문가가 된 후에도 자기 수련을 위해 집단상담에 참여하고 교육을 받는다. 더 나은 상담사가 되기 위해 부단히 노력한다.

"선생님은 왜 상담사가 되셨어요?"
상담하다 보면 종종 이런 질문을 듣는다.
"그냥 좋아서 하는 거죠"라고 답하면 이렇게 다시 묻는다.
"매일 힘든 얘기만 듣는데 뭐가 좋아요?"
그러게나 말이다. 힘든 상황을 자주 접하고 상대방의 고통이 전이되는 경우도 많은데 왜 상담사가 되었을까? 왜 상담을 계속하고 있을까? 고통은 피하는 게 당연한 거 아닌가. 괴로운 순간은 피하고 싶은 게 당연지사다. 그러니 다음 주가 시험인데도 잠시나마 불안감을 잊으려고 유튜브를 본다. 이별 뒤에 비참함을 덜 느끼기 위해서 술고래가 되어 슬픔에 빠진 뇌를 마비시킨다.

그런데 피한다고 완전히 사라지지 않는 게 괴로움이다. 아무리 딴짓을 해도 시험일은 어김없이 찾아오고 세상 술을 다 마신다고 해도 이별의 쓸쓸함은 쉽게 가시지 않는다. 오히려 술에서 깨는 순간 더 큰 허탈함과 공허함만 남는다.

==고통은 피하고 덮어두는 게 아니라 마주할 때 사라진다. 내 것으로 껴안고 내가 감당할 몫으로 다짐할 때 고통은 더 이상 나를 괴롭히지 않는다.== 상담사와 마주한 공간에서 드러내놓을 때 고통은 '숨기고 피해야 할 무엇'이 아니라 '어떻게든 처리해야 할 무엇'이 된다.

다양한 사람들의 힘든 순간을 함께 겪어온 사람으로서 감히 말한다면 사람은 고통을 마주할수록 단단해진다.

비루한 운명이 주는 고통을 껴안고

더욱 단단해져서 성장해간다

# 마음과 마음이
# 만나는 일

사람. 세상 어떤 일이든 '사람'이라는 가치가 먼저다. 당연한 말 같지만 잘 지켜지지 않는 경우가 많다. 이공계 석사 재학 시절, 수천만 원에 달하는 연구 프로젝트를 위해 밤낮으로 일했다. 조금이라도 일이 늦어지면 교수는 훈계조로 말했다. 자신을 자동차 부품이라고 생각하라고, 부품 하나라도 빠지면 그 자동차가 굴러가겠냐고. 온 힘을 다하는데 '부품' 취급을 당하니 힘이 빠졌다.

의류 디자이너로 일하면서 회사의 부품이었던 적도 있었다. 정확히 말하면 디자이너의 보조였으니 '빠져도 되는' 부품이었다. 내 자리를 갈아끼울 부품이 널리고 널렸기에 행여 빼버릴까 봐 아등바등

살았던 나날.

정말 열심히 사는데 나아지기는커녕 제자리였다. 기를 쓰고 노력해봤자 보통의 부품에서 성능 좋은 부품이 될 뿐 부품 혼자서는 아무것도 못 하니까.

한 번뿐인 인생, 무언가의 부품이 아니라 '나'이고 싶었다. 어떤 역할, 기능, 도구로서 가치를 인정받는 게 아니라 '사람 자체로 존중받는 삶'을 살고 싶었다. 사람을 가장 중요하게 생각하는 일을 찾고 싶었다.

그래서 상담사가 되지 않았나 싶다. 한 사람의 인생을 들여다보고 그 사람다운 것이 무엇인지 찾아주고 온전히 자신의 몫으로 살아가도록 돕는 일이니. 상담이야말로 '사람'이라는 가치에 가장 부합하는 일이 아닐까.

==상담(相談)은 서로 이야기를 나눈다는 의미도 있지만 진짜는 '마음과 마음이 만나는 것'을 말한다.== 마음이 통한다고 해야 할까.

'지금 그 마음이 어떤 마음인지 알 것 같아요.'

상대를 완전하게 공감하긴 어렵겠지만 어렴풋하게라도 느끼는 것. 서로의 마음자리에 가서 닿으려는 것.

하지만 마음과 마음이 만나는 일은 단번에 이루어지지는 않는다. 마음이 열리려면 우선 서로에게 호감이 있어야 한다. 상담사가 전문가의 능력을 보여주고 내담자의 이야기를 경청하면서 공감할 때 내담자는 상담사에게 호감이 생긴다. 또한 내담자가 자신의 문제를 해결하기 위해 진심으로 노력하는 모습을 보일 때 상담사는 내담자에게 호감을 느낀다.

서로 호감을 느끼면 '치료 동맹'이 맺어진다. 한 배를 탔다고 말하기도 하고 사막에서 함께 길을 찾아 떠난다는 표현을 쓰기도 한다. 요지는 더 이상 혼자가 아니라 '함께하는 우리'라는 마음이 들게 하는 것이다. 서로 믿고 의지해야 가능한 마음이다.

평소에도 주변 사람과 관계를 잘 맺는 사람은 상담에서도 치료 동맹을 잘 맺는다. 관계를 잘 맺는다는 것은 친구가 많고 활달한 성격을 말하는 게 아니다. 살면서 '단 한 번'이라도 믿을 만한 타인을 만났거나 사람에 대한 최소한의 믿음을 갖고 있다면 관계 맺기가 가능하다.

그런데 간혹 관계 맺기가 정말 어려운 사람이 있다. 사람에게 받은 깊은 상처 때문에 마음을 여는 게 힘든 사람. 누군가와 진실한 마음을 나눈 적이 단 한 번도 없었던 사람. 믿었던 사람에게 배신당했거나 실망했던 경험이 많다면 마음을 열기가 두려워진다. 당연하다. 또 배신당할까 봐 위축되는 것은 보호 본능이기 때문이다. 자신이 생각하는 자기 모습이 너무 형편없어서 드러내기를 주저하는 경우도 있다. 상대방이 너무 좋은데 자신의 실체를 알면 싫어할까 봐 겁을 낸다.

　관계 맺는 게 어려운 사람과는 '관계 맺기' 그 자체가 상담 주제가 되기도 한다. 어쩌면 상담에서 호소하는 문제보다 더 중요한 문제일지 모른다. 관계를 맺는다는 것은 생존이자 본능이기 때문이다.

　혼자가 좋다고 하지만 사람은 혼자일 수 없다. '혼자서' 책을 보지만 실은 책을 통해서 저자와 관계를 맺는다. '혼자서' 밥을 먹지만 어느새 유튜브 채널을 검색하면서 누군가와 소통하고 있다. '혼자'가 좋아서 깊은 산골짜기에 들어간 '자연인'도 외지에서 사람이 찾아오면 어린아이처럼 좋아하더란 말이지.

　그러니 "선생님, 전 원래 혼자가 좋아요. 사람들이랑 부대끼는 게 싫고 제 속마음을 드러내는 게 불편해요"라는 말을 곧이곧대로 믿어서는 안 된다. =='내가 혼자이고 싶을 때 선택적으로 혼자가 되는 것'과 '늘 혼자여야 하는 것'은 다른 문제이기 때문이다.==

　'늘 혼자라는 것'은 어딜 가나 소외감을 느껴야 하고 외로움과 싸워야 하며 고민이 생겼을 때 의논할 상대도 없이 혼자 감수해야 하는 것을 의미한다. 끝도 없이 이어지는 불안, 걱정, 비관적인 생각을 끊어낼 기회가 없다는 걸 의미한다.

　관계 맺기가 서툴고 어렵더라도 '차라리 혼자가 편하다'면서 사람 만나는 일에 마음을 닫지는 않았으면 한다. 관계는 누구를 만나고 어떤 경험을 하느냐에 따라 달라지기 때문이다. 사람에게서 받은 상처는 사람에게서 치료받아야 한다는 조언은 허튼 소리가 아니다.

왜 다른 사람과 관계 맺기가 어려운지, 매번 관계가 씁쓸하게 끝나는지 고민된다면 자신의 관계 패턴을 제대로 알아보기 위해 한 번 더 관계(상담사와의 관계) 속으로 들어가보기 바란다.

하지만 안심하길 바란다. 상담사와의 관계는 '연습장'이니까. 지독한 관계 문제를 풀어내기 위해 끄적거리는 연습장이니 이렇게도 해보고 저렇게도 해보고 마음껏 해보자. 문제를 한 번에 혼자서 해결하려 하지 말고 '상담사와의 관계'라는 연습장에 천천히 풀이 과정을 담아보길 바란다.

틀려도 되고 실수해도 된다

다 괜찮다

# 뒤끝 없는
# 뒷담화 한 판

가족끼리도 정말 이해가 안 될 때가 있다. 수십 년을 한 집에서 부대끼며 살아왔음에도 '대체 왜 그럴까?' 하고 느껴지는 순간. 칠순 넘은 아버지는 나이가 들어 엉덩이뼈가 아프다면서도 여전히 택시 운전대를 놓지 못한다. 손님 한 명이라도 더 태우려고 밥때를 놓치는 일이 다반사. 어머니는 통화를 할 때마다 자기 말만 하고 상대 말이 끝나기도 전에 전화를 끊어버린다. 그러지 말라고 아무리 말해도 소용없다. 매번 벌어지는 일상이지만 여전히 이해되지 않고 답답하다. 피가 섞인 사이에도 이럴진대 하물며 '무촌' 관계인 부부 사이는 어떨까?

부부간의 문제로 상담하다 보면 초반에 자주 듣는 말이 있다.

"남편이(아내가) 그러는 게 도저히 이해가 안 돼요. 어떻게 그럴 수 있나요?"

이 말은 '내가 기대했던 바와 다르다. 이해가 안 되고 답답하다'라는 의미. 그래서 상담 초반에는 주로 남편(아내)에게 어떤 부분을 기대했는지, 그 기대가 충족되지 않아서 어떤 감정을 느꼈는지, 지금 마음 상태가 어떤지를 세세하게 다룬다.

되도록 '나'에 초점을 맞춰서 '감정'을 이야기하도록 한다. 처음부터 문제 해결로 접근하면 안 된다. 문제를 해결하려면 '나와 내 상황'을 객관적으로 이해해야 하는데 마음이 다친 상태에서는 불가능하다. 그래서 감정을 먼저 다룬다. 화가 났든 짜증이 났든 딱딱해진 마음이 누그러질 때까지 살살 어루만져주는 게 우선. 그럴 때 필요한 게 뒷담화다.

"결혼 전에는 제 얘기를 잘 들어주던 사람이었어요. 그런데 결혼하더니 시어머니 얘기 한마디면 껌뻑 죽어요. 그런 마마보이인 줄 알았으면 결혼 안 했죠. 왜 효도를 둘이 하냐고요, 자기 혼자 하면 되지. 시가에 가면 전 늘 부엌에서 음식 장만하고 설거지하느라 바쁜데 친정에 가면 남편은 그냥 앉아만 있어요. 그럼 우리 엄마 힘들까 봐 제가 또 일어나야 해요. 여기 가나 저기 가나 계속 일하는 거죠. 결혼하면 남편이 절 위해줄 줄 알았는데 속은 기분이에요."

뒷담화는 철저히 자기 관점에서 이야기한다. 간혹 감정을 토로할 때도 상대 입장을 헤아리려는 사람들이 있는데 그게 오히려 감정을 푸는 데 방해가 된다. 감정은 원래 날것이다. 그냥 속상하고 밉고 한 대 때리고 싶고 욕하고 싶은 것. 전혀 도덕적이지 않고 고상하지 않다.

그래서 날것 그대로의 감정을 쏟아내는 건 때로 위험하다. 친구들과 카페에서 떠들다가 자신도 모르게 배우자의 뒷담화를 늘어놓은 뒤 순간 당황한다. '지금 이렇게 말한 거 나중에 남편(아내) 귀에 들어가면 어쩌지? 쟤가 속으로는 내 흉보고 있는 거 아냐? 내가 내 얘기만 너무 길게 했나? 지루해하는 것 같아.' 소문이 퍼질까 봐, 흠 잡힐까 봐, 상대 기분을 배려하느라 속 시원히 말을 다 하지 못할 때가 많다.

어디 가서 말 꺼내기도 쉽지 않고 속은 답답하니 인터넷 카페에 익명으로 장문의 사연을 올리기도 한다. '님들 어떻게 생각하세요?'라고 묻지만 사실 누군가의 조언을 구한다기보다는 자신의 부글대는 속마음을 토로하고 싶은 마음이 더 크다. '힘드셨겠네요. 저도 그런 적 있어요'라는 댓글을 기대하면서.

답답한 속은 그때그때 푸는 게 좋다. 똥 마려운데 계속 참으면 방귀만 독해진다. 글이든 말이든 머릿속으로 혼자 정리해서 표현하려고 용쓰지 말고 어떤 식으로든 바로바로 표현하는 게 좋다.

내담자가 상담 초반에 뒷담화에 가까운 비방, 험담, 욕설을 쏟아내면 차라리 반갑다. 뒷담화는 뒷담화답게 솔직하고 시원하게 해야 한다. '이렇게까지 나쁘게 말해도 되나?' 하는 마음이 들 때까지.

물론 '적당한 수위'가 필요하다. 도가 지나치면 '아, 역시 이런 상대는 쓰레기야. 사람 안 바뀌어'란 생각으로까지 가버린다. 친구에게 하는 뒷담화와 상담사에게 하는 뒷담화가 다른 이유는 적당한 수위를 조절해주는 것에 있지 않나 싶다. 친구에게 남편 뒷담화를 하면 소심한 친구는 "야, 그래도 니 남편인데 어떡해" 하면서 속 터지게 만들고 과격한 친구는 "야, 헤어져! 헤어져!" 하면서 '아차' 싶게 만드니까.

뒷담화는 좋은 행동은 아니지만 어쩔 수 없는 본능이다. 어떤 사람에게 불만이 있을 때 그걸 매번 상대방에게 직접 전하면 관계가 유지되지 못한다. 관계를 망가뜨려도 상관없다면야 뒤에서 욕하느니 앞에서 욕하는 게 시원하겠지만 관계를 해치지 않으면서 속상한 마음을 추스르려면 뒷담화가 도움이 된다.

==불평불만을 속으로만 끙끙 담아두지 말고 조금씩 터뜨려야 마음이 가벼워진다.== 사람 때문에 힘들고 괴로울 때 속 시원히 뒷담화 한 판 해보는 거다. 소문이 날까 무섭거나 상대가 내 편을 들어주지 않는 것 같다면 근처에 있는 상담사를 찾기 바란다. 가서 이렇게 대놓고 말해도 좋다.

"선생님, 저 남편(아내) 욕 좀 실컷 하고 갈게요."

뒤끝 없는 뒷담화 한 판에

딱딱해진 마음이 어느새

누그러질 것이다

# 눈과 눈이
# 마주본다는 건

"하나, 둘, 셋!"

구령에 맞춰 두 사람 사이를 가로막고 있던 패널이 사라지고 남녀의 눈 맞춤이 시작된다. 좋아하는 마음이 큰 쪽이 먼저 눈길을 피한다. 새어 나오는 미소를 애써 감춰보지만 눈이 마주치면 꼭꼭 숨겨두었던 마음이 드러나고 만다. 미묘한 감정이 오고 가는 순간.

서로 눈을 마주본다는 건 대단한 일이다. 그 안에는 마음이 담겨있다. 밥을 먹는데 엄마의 잔소리가 시작된다.
"밥 좀 깨작거리지 마. 골고루 먹어야지."
매번 반복되는 얘기에 "그만 좀 해"라고 말하고 싶지만 평생 뒷바라지한 엄마이기에 꾹 참는다. 눈을 내리깔고 묵묵히 밥만 먹는다. 짜증난 얼굴을 보이기 미안해서 엄마를 쳐다보지 못한다.

 회식 자리에서 고기 굽느라 제대로 먹지 못한 막내 사원에게 대표가 "많이 먹었냐?" 하고 물으면 막내 사원은 입으로는 "예, 많이 먹었습니다"라고 하지만 얼른 시선을 다른 데로 돌린다. 행여 멋쩍은 속마음을 들킬까 봐.

 상대방에게 숨기는 게 있거나 마음이 불편하면 상대의 눈을 쳐다보는 게 힘들다. 불편한 게 있느냐는 말에 "아뇨, 괜찮은데요"라고 입은 말하지만 눈동자는 미세하게 떨린다. 입과 눈의 진실 게임. 과연 무엇을 믿어야 할까?


 상담 중에 내담자의 입은 쉴새없이 움직인다. 자신이 겪은 일, 살아온 이야기, 정황 등을 설명하느라 바쁘다. 상담사는 이야기를 들으면서 내담자의 눈을 지그시 바라본다. 말과 눈이 서로 어울리지 않는다고 판단되면 거기에 집중한다. 말로 보여주고 싶은 모습과 눈으로 느껴지는 모습이 다른 지점, 진실은 거기에 숨어 있다.

 "선생님, 전 아무 문제 없어요. 학교생활도 재미있고 친구들도 다 좋아요."

 말은 이렇게 해도 자꾸만 시선이 아래를 향한다면 의심해보아야 한다. 뭔가 이상해서 이것저것 물으니 사실 성적 때문에 부모님과 사이가 틀어진 상태였다. 자신에게 문제가 있다고 하기가 두려워서 '괜찮다'고 했지만 실은 그게 아니었다.

말보다는 눈에 더 힘이 있다고 믿는 편이다. 상담사라고 하면 '말 잘하겠네' 혹은 '남의 말을 잘 들어주나 봐'라고들 생각하지만 실제 상담하다 보면 입이나 귀보다는 눈이 단련된다. 눈과 눈이 마주치면서 관계가 시작되기 때문이다.

==눈 맞춤은 생각보다 많은 걸 담고 있다. 관심, 애착, 상호작용, 안정감, 세상에 대한 관점, 나아가 내가 존재하는 의미까지.== 어린 아기는 부모와 눈을 마주치면서 애착을 느낀다. 나를 보고 있는 부모의 눈을 보면서 '내게 관심이 있구나' 하고 느끼고, 그 눈에 따뜻함까지 담겨 있다면 '나를 사랑하는구나. 세상은 편안하고 나를 환영하는 곳이구나' 하고 느낀다.

부모의 따뜻한 눈빛을 경험한 아이는 스스로 '나는 사랑받을 만한 사람'이라 생각한다. 부모가 눈으로 전한 세상의 풍경이 한없이 따뜻하고 사랑스러울 때 아이는 안심하고 세상으로 나아간다.

그래서 눈 맞춤이 처음부터 자연스럽게 잘된다는 건 관계가 단단하게 맺어질 수 있는 좋은 신호다. 자신을 있는 그대로 꺼내 보일 준비가 되어 있다는 뜻이다. 눈 맞춤이 유독 부자연스럽고 불편해 보인다면 아직 자신을 드러낼 준비가 되지 않았거나 관계 자체를 불편해하는지도 모른다.

눈 맞춤이 두려운 상태라면 처음에는 서로 마주보지 않고 비스듬히 앉거나 함께 같은 방향을 보면서 상담해도 괜찮다. 꼭 마주보지 않아도 서로의 온기를 느끼면서 다가가면 되니까.

그렇게 조금씩 다가가면서 상담 관계가 어느 정도 무르익으면 눈빛이 한결 편안해진다. 어떠한 의도도 담겨 있지 않다고 할까. 입에서 나오는 말과 눈빛이 조화를 이룬다. 차가운 말을 할 때는 차갑게, 뜨거운 열변을 토할 때는 뜨겁게. 그렇게 자연스러워진다. 그냥 그 사람답게.

상담하면서 '그 사람다운' 눈빛으로 변하는 것을 보면 뭉클하다. 굳이 화려하게 보이려 하지 않고 아닌.걸 그런 '척'하지 않는 자연스러움. 있는 그대로 내보일 준비가 되었다는 자신감.

이상적이진 않지만 지금 내 모습으로도
충분하다는 마음가짐
그게 가장 힘 있는 눈빛 아닐까

# 당당히
# 서게 하는 힘

사례회의. 상담사가 자신이 맡은 상담 사례를 동료 상담사들 앞에서 발표하고, 상담의 질을 높이기 위해 서로 의논하는 자리다. 명칭은 '사례회의'지만 사실상 숙련된 상담사에게 지도 자문을 받는 자리다.

사례 발표를 하기 위해서는 내담자에게 사전 동의를 받아야 하고 녹음된 상담 내용을 몇 번이고 돌려 들으면서 정리해야 한다. 50분 상담 내용을 축어록(상담사와 내담자 간 대화 내용을 문자화한 것)으로 정리하려면 보통 3~4시간이 소요된다. 발표 양식에 맞게 정리하면 보통 15페이지 안팎의 보고서가 된다. 이 발표 준비에 상당한 시간과 노력을 쏟아붓는데 게다가 돈도 내야 한다. 자문료라는 명목으로 보통 20~30만 원을 받는다.

예전에는 이 힘든 과정을 왜 하나 싶었다. '욕먹는 데 20만 원이라니 너무 비싼 거 아냐? 그래도 자격증 딸 때까지는 필수 과정이니 참아야지'라고 꼬아서 생각하기도 했다. 하지만 돌이켜보면 사례회의는 상담사의 역량을 키울 수 있는 좋은 기회다. '다른 사람의 이야기를 잘 들어주는' 수준의 상담이 아니라 '내담자를 위하고 살리는' 수준의 상담을 원한다면 힘들더라도 사례 발표를 통해 자신을 드러내고 점검받는 과정을 계속 해나가야 한다.

얼마 전, 어느 대학 학생상담센터에서 열린 사례회의에 참관했다. 인턴과 전임 상담사 몇 명만 참가하는 소규모 사례회의다. 사례회의를 통해 상담사 본인은 자신의 상담 방향을 성찰하여 상담의 질을 높일 수 있고 동료들은 그러한 과정을 참관하면서 배움을 얻는다.

사례의 주인공은 가족 내에서 소외감을 느껴 우울함을 호소하는 대학 4학년 여학생이었다. 상담은 전반적으로 내담자의 이야기를 따라갔다. 어떤 날은 헤어진 남자친구와의 애증을 말하다가 어떤 날은 언니가 자신을 계속 무시한다면서 불만을 쏟아냈다. 또 어떤 날은 조별과제를 할 때 말다툼을 했던 학과 선배에 대해 험담을 늘어놓았다. 상담사는 주변 사람들과 계속 갈등을 겪고 있는 내담자의 이야기를 잘 들어주었고 최대한 공감해주었다.

사례회의의 좌장 격인 상담사가 발표자에게 물었다.

"내담자 이야기가 매번 달라지고 감정도 격앙되어 있는데 상담할 때 어떤 마음이 들었나요?"

"가끔 제가 휘둘린다는 느낌을 받기도 했지만 최대한 공감해주고 지지해주고 싶었어요."

"휘둘린다는 느낌이 어떤 건지 말해줄 수 있나요?"

"내담자가 계속 자기 얘기만 해서요. 서로 대화를 나눈다기보다는 저만 계속 듣고 있는 느낌?"

"상담 초반에는, 내담자가 그간 쌓아온 불만이나 감정을 폭포처럼 쏟아낼 수도 있겠죠. 그런데 매 회기마다 한풀이하는 식으로 반복되는 것 같아요. 내담자가 갈등을 겪는 대상이 한두 명이 아니라 전 남자친구, 친언니, 학과 선배, 주변 사람들 대부분이라면 내담자가 지닌 의사소통 방식에 문제가 있지 않을까요?"

"아……."

발표자는 순간 말문이 막힌 듯했다. 상담사는 이어서 말했다.

"조별과제에서 말다툼했던 사건을 보면 모임 시간 내에 과제를 다 하지 못해서 서로 역할 배분을 하다가 갈등이 빚어진 건데 모임 공지를 조원들에게 늦게 보낸 건 내담자였거든요. 그런데 내담자는 조원들에게 사과도 안 하고 그냥 넘어가지 않았나요?"

"그건 아마 쑥스러워서 그런 걸 거예요. 자존심이 센 편이라서."

"자, 그렇게 상담사가 내담자 입장을 헤아려주는 건 내담자에게 새로운 경험이 되었을 거예요. 하지만 우리는 일상에서 늘 누군가의 전적인 이해를 받는 건 아니에요. 만약 오늘 사례회의 공지를 늦게 해서 다들 일정이 꼬이거나 했다면 공지를 늦게 한 사람이 공식적으로 사과하는 게 맞잖아요. 내담자는 본인이 잘못해놓고도 입을 싹 닫고 있는 게 다른 조원들이 보기에는 못마땅했을 것 같거든요. 내담자의 심정을 헤아려주는 것도 좋지만 적절한 의사소통 방법과 타인에 대한 배려가 무엇인지 알려줄 필요가 있어요."

상담사들은 대부분 공감과 지지를 많이 해준다. 오죽하면 상담사에게 '구나쌤(말끝마다 '그랬구나'라는 말을 많이 해서)'이라는 별칭이 붙었을까. 물론 긍정성을 심어주고 따뜻하게 안아줌으로써 자신감을 회복하게 만드는 측면이 있다. 하지만 충분한 공감으로 내담자의 이야기를 따라가면서도 한편으로는 모든 감각을 곤두세워 내담자의 역동을 살펴야 한다. 그래야 내담자에게 휘둘리지 않고 상담의 윤곽이 잡힌다.

사례회의를 통해 발표자는 여러 조망을 배웠을 것이다. 자신이 내담자를 보는 관점, 내담자가 상담사를 보는 관점, 내담자의 행동이 타인에게 불러일으킬 감정 등. ==상담은 단둘이 하는 대화이지만 그 안에는 내담자를 둘러싼 많은 관계가 들어 있다. 그 관계 속에서 내담자를 당당히 서게 하는 것, 그게 상담의 역할이다.==

집으로 돌아오면서 나를 둘러싼 관계를 하나하나 되짚어보았다. 그 어떤 관계도 쉬운 건 없었다. 좋아할수록 어렵고 친할수록 상처받기 쉽다. 제일 힘든 부분은 대인 관계에 정해진 답이 없다는 거다.

'내가 어떻게 해야 그 사람 마음을 얻을 수 있을까? 이 반응은 뭐지? 이럴 때는 어떻게 해야 할까?'

명확한 자기 기준이 없으면 이리저리 휘둘리게 되고 예상치 못한 순간에 상처받거나 의도치 않게 상처를 주게 된다. 내담자가 상담실에서만이 아니라 일상으로 나가서 힘을 내려면 사안을 바라보는 명확한 기준을 가져야 한다. 대인 관계에 정답은 없지만 자신의 행동을 스스로 결정하는 기준은 필요하다. 그 기준을 일일이 알려주지는 못해도 그것이 중요함을 반드시 일깨워주어야 한다.

명확한 자기 기준이 있으면

어떤 경우에도 당당해질 수 있다

# 항해를
# 시작하기 전에

　　　　　　　　　　　망망대해. 아득히 펼쳐지는 바다. 보고만 있어도 가슴이 웅장해지는 그런 바다를 참 좋아한다. 일본 오키나와로 여행을 갔을 때 '잔파(殘波) 곶'이라는 해안절벽이 있었다. 태평양과 맞닿은 절벽, 아득히 먼 곳에서 하얀 파도가 연달아 찾아왔다. 절벽 가장 높은 곳에 올라 바다를 바라보니 나를 둘러싼 사방이 푸른빛이었다. 그 푸른빛에 압도된 나는 저 끝에 뭐가 있을까 궁금했고 언젠가 가보고 싶은 충동이 들었다.

　　상담도 이와 비슷하다. '나'라는 존재는 망망대해처럼 끝을 알 수 없다. 미지의 세계. '나는 어떤 사람일까?' 궁금하지만 형편없는 사람일까 싶어 섣불리 들여다보기 어려워지기도 한다. 그러다가 충동적으로 혹은 작심하고 망망대해를 탐험해보기로 하는 것, 그게 상담의 시작이다.

 ## 상담 목표 정하기

 자, 이제 배를 탔으니 어디로 갈까. 아무런 목적 없이 그냥 배에 타면 파도에 휩쓸려 이리저리 움직이기만 할 뿐, 망망대해에 뭐가 있는지 알 수 없다. 그래서 보통 상담을 시작하면 상담 목표를 정한다. 배가 어디로 향해 갈지 목적지를 정하고 좌표를 설정해야 한다.

 "지금 무엇을 원하나요? 뭐가 달라지기를 원하나요? 상담을 하는 이유가 뭔가요?"

 상담 목표를 정하기 위해 여러 각도에서 질문을 던지고 함께 고민한다. 대부분은 내담자가 호소하는 문제에서 시작한다. 힘든 마음, 불편한 상태, 그 마음을 낫게 해야 하기 때문이다.

 "가족들에게서 벗어나고 싶어요. 우울한 기분을 안 느꼈으면 좋겠어요. 취업이 빨리 됐으면 좋겠어요. 돈이 많았으면 해요. 다른 사람 눈치를 안 봤으면 좋겠어요. 자존감이 높은 사람이 되고 싶어요."

 처음에는 이것저것 늘어놓게 된다. 지금 무엇이 힘든지 누구 때문에 불편한지 두서없이 이야기한다. 내담자의 호소에 귀 기울이다 보면 '어떻게 달라지기를 원하는지' 가닥이 잡힌다.

그중에서 '당장 급한 것'을 구분해본다. 자살 충동이 높은 사람은 무엇보다도 '자살 위험성을 낮추는 것'이 가장 먼저다. 자신과 타인의 생명, 안전은 다른 어떤 가치보다도 우선이다. 그 외에는 자신이 생각하기에 '가장 괴로운 지점'을 생각해본다.

### 현실적이고 구체적인 목표 세우기

그 다음은 그 목표를 '이룰 수 있는지' 생각해본다. 주어진 상담 회기 내에서 이룰 수 있는지, 현재 정신 상태와 심리적 자원, 주변 여건 등을 종합적으로 고려할 때 '과연 도달 가능한지'를 검토한다. 매일 지각하는 학생이라면 '절대 지각하지 않기'라는 목표보다는 '매주 한 번 제시간에 학교 가기'처럼 해낼 수 있는 작은 목표를 먼저 세운다. 작은 목표부터 시작해서 단계별로 해나가야 한다.

또한 상담 목표는 구체적일수록 좋다. 막연하게 '살을 뺀다'가 아니라 '다음 달까지 3킬로그램을 감량한다'가 더 선명하다. 목표가 눈에 보여야 이루어질 것 같은 기분이 들고 희망이 생긴다. '우울증이 사라지고 마음이 편해졌으면 좋겠어요'보다는 '우울할 때마다 배달

음식을 시켜서 폭식을 하는데 그것 때문에 다시 우울해지거든요. 배달음식 주문 횟수 줄이기, 그것부터 한번 해볼게요'가 낫다. 마음이 편해졌다고 상상해봤을 때 무엇이 달라져 있을지 떠올려보는 거다.

당장 필요하고, 해낼 수 있고, 구체적이고 명료한 상담 목표 세우기는 이론적으로는 쉽지만 실제로는 그렇지 않다. 심리적인 문제는 과거로부터 쌓여온 것들이 터져서 생기는 경우가 많기 때문에 어디까지 건드리고 무엇을 변화시켜야 할지 모호할 때가 많다.

무엇보다 심리적 어려움이 많을수록 자신이 상담에서 뭘 원하는지 명확히 알기 어렵다. 그래서 "상담받고 나서 뭐가 달라지기를 바라나요?"라는 질문에 말문이 막히는 경우가 많다. 뭔가 명확하게 떠오르지 않고 혼란스럽다면 "일단 상담받으면서 마음을 정리하고 싶어요"라고 말한다.

그렇게 말하면 상담사는 "마음이 정리되었다는 걸 어떻게 아나요?"라고 또 물어온다. 그러면 "요즘 생각이 많아서 일에 집중이 안 되었는데 그런 게 사라질 것 같아요"라거나 "툭하면 짜증 내는 일이 줄어들겠죠" 혹은 "그냥 느낌으로요"라고 말해도 된다.

사실 마음이 안정되면 그냥 다 안다. 표정이 편해지고 눈 맞춤이 안정되며 매사에 서두르지 않고 여유가 넘친다. 밤에 잠도 잘 자고 밥맛도 좋고 똥도 잘 싼다. 그걸 '그냥 느낌으로' 알고 넘기지 말고

'이런 면이 바뀐 걸 보니 내 마음이 좀 편해졌나 봐' 하고 구체적으로 알아채기를 바라는 마음에서 계속 묻는 것이다. 상담을 통해 달라진 나의 구체적인 모습, 그것이 진정한 상담 목표이기 때문이다.

구체적인 행선지가 있어야 배가 앞으로 죽죽 나아간다. 한 번에 모든 곳에 정박할 수 없으니 가지고 있는 연료, 식량, 여건을 고려해서 도달 가능한 곳에 먼저 가는 거다. 현실적이고 의미 있는 항해가 되어야 한다. 그래야 안전하게 오래 여행을 즐길 수 있다.

'나'라는 망망대해를 조금씩 알아가면

시야가 넓어지고 경험치가 쌓이고

자신감이 생긴다

# 그럼에도
# 꺼내놓을 수 있다면

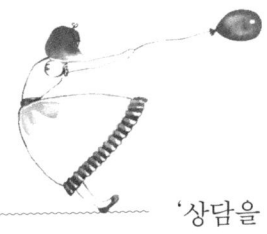

'상담을 괜히 시작했나? 오늘은 급한 볼일이 있어서 못 간다고 할까? 그냥 말 안 하고 그만둬버릴까?'

상담하면서 속 얘기를 터놓고 후련해지기도 하지만 어떤 경우 이전보다 힘들어지기도 한다. 어떤 분은 상담실에서 50분 내내 눈물 콧물 흘려가며 얘기를 쏟아냈는데 상담실을 나서자마자 후회했다고 한다. 괜히 그 얘기를 꺼냈나 싶은 후회와 자책.

다음 상담 시간에 와서 그분이 들려준 얘기는 그랬다. 상담이 끝나고 건물을 나가서 바로 앞에 있는 횡단보도를 건너려는데 갑자기 다리에 힘이 풀려서 주저앉을 뻔했단다. 겨우 택시를 잡아타고 집에

갔는데 그 후로도 며칠 동안 상담 시간에 꺼낸 얘기가 머릿속에 맴돌아서 괴로웠다는 것이다. 괴로운 기억은 꼬리에 꼬리를 물고 계속 떠올랐고 불안감에 악몽까지 꾸었다면서 힘들어했다.

40대 후반 프리랜서 작가였던 그분은 평소 상담에 관심이 많아서 말 그대로 '그냥' 상담실에 찾아왔다. 언론사에서 일했던 경험이 있어서 고정으로 기고하는 칼럼이 여러 개였고, 덕분에 경제적으로나 사회적으로 비교적 안정된 편이었다. 더군다나 프리랜서라서 원하는 글을 쓸 기회가 더 많아져 직장생활할 때보다 만족감을 느꼈다.

힘들어서 상담실에 찾아온 게 아니었기에 호소 문제도 없었다. 그냥 떠오르는 대로 이런저런 경험을 나누다가 문득 어릴 때 친척 오빠에게 성추행당한 일이 기억났다. 뭔가 건드려졌는지 계속 눈물이 흘렀다. 당시에는 부모도 친척 오빠도 성추행 사실을 인정하지 않았고 힘들다는 자신의 호소는 무시당했다. 자기 자신조차 기억을 지우려 애썼다.

'아무 일도 없었던 거야. 그냥 별일 아닌 거야.'

대수롭지 않은 일이어야 했다. 아무 일 없었다고 넘겨버려놓고 새삼 힘들다고 말할 수도 없었다. 무력으로 제압당했을 때의 당혹감, 무력감, 수치심, 더럽혀졌다는 생각, 알 수 없는 죄책감, 그 어떤 감정도 입 밖으로 꺼낼 수 없었다.

그렇게 30년이 지나 그 일에 대해 처음으로 '정말 힘들었다'라고 말했다. 당시에 무엇을 느꼈고 왜 불안했는지 깨달았다. 후련하고 시원했지만 생각보다 뒤끝이 길었다. '보잘것없는 나'로 돌아간 것 같아서 수치심도 들고 '지나간 일을 되돌릴 수도 없는데 이런 얘기를 괜히 꺼냈나?' 후회도 들고 '이러다 정신이 이상해지는 건 아닐까?' 불안해졌다.

상담을 마치고 사나흘 정도 몸살처럼 앓았다. 상담에서 토로한 이야기를 계속 떠올렸고 어린 시절 그때 그 감정을 고스란히 느꼈다. 긁어 부스럼 내는 것 같아서 상담실에 찾아간 걸 후회했다. 지금이라도 상담을 그만두는 게 낫겠다 다짐하면서 하루하루 버텼다.

상담 이후 괴로웠던 심정을 전해 들으면서 내심 궁금했다. 그렇게 힘든 한 주를 보냈는데 상담을 중단하지 않고 다시 왔으니까. "많이 힘드셨던 것 같은데 그런데도 어떻게 다시 오셨나요?"라고 묻자 그분은 "저도 잘 모르겠어요"라고 대답했다.

상담을 그만두려고 마음먹긴 했는데 막상 상담 예약 전날이 되니까 '뭔가 아쉽다'라는 생각도 들고 '지금은 정말 힘들어졌으니까 이제는 진짜 상담이 필요해진 게 아닐까?'라는 생각도 들었다. 이러다가 계속 수렁에 빠진 채 허우적대는 건 아닐까 싶기도 했고 그냥 여행이나 가버릴까 갈팡질팡하는 마음으로 왔다고 했다.

그 얘기를 들으면서 반가웠다. 힘들 걸 알아도 선택을 감행할 때 우리는 용감해진다. 그게 고통이 우리에게 주는 선물이다. 괴로운 건 피하고 싶은 게 본능이니 고통스러운 기억에서 도망치고 싶었을 텐데 그럼에도 불구하고 괴로움에 맞서는 선택을 했으니.

상담을 하면서 마냥 좋을 수만은 없다. 나도 모르게 봉인된 기억이 떠오르기도 하고 억압된 감정이 드러나면서 괴로워지기도 한다. 상담사의 지시적인 말투에 기분이 상하기도 하고 반대로 지나치게 다정하면 가식적으로 느끼기도 한다.

그게 무엇이든 나를 힘들게 할 때 어떤 선택을 하게 된다. 흔히 하는 선택은 회피다. 불친절한 식당은 안 가면 되고 불편한 사람과는 안 만나면 된다. 나를 힘들게 하는 선택은 안 하는 게 맞다.

그럼에도 불구하고 고통스러운 걸 선택한다면 그것은 더는 고통이 아니다. 사람은 '자신이 알고 선택한 고통'에 대해서는 관대해진다. '힘들 거야. 많이 아플지도 몰라. 그래도 난 할 거야.' 그렇게 내린 선택은 '삶의 의미'가 된다. 그러니 죽을지도 모르는데 에베레스트 등반을 하고 생살이 찢어지는데 아이를 낳고 매 순간 인간 본연의 욕망과 싸우면서 수도자로 살아가는 것이다.

괴로울 줄 알면서 선택한 사람들은 이미 알고 있다. '마음속 괴물'을 잠재울 유일한 방법은 안 보고 덮어두는 게 아니라 꺼내어 말을 걸면서 다독여야 한다는 것을.

나를 괴롭게 만드는 '그것'을

꺼내놓을 선택을 할 수 있다면

'그것'은 더는 나를 괴롭히지 못한다

# 일어난 변화를
# 그냥 바라보는 것

누군가 "산을 좋아해, 바다를 좋아해?" 묻는다면 무조건 바다다. 산은 높이 올라가야 진풍경을 볼 수 있지만 바다는 조금만 다가가도 나를 품어줄 것 같으니까. 특히 파도가 넘실대는 바다를 좋아한다. 고요하고 잔잔한 바다도 좋지만 하얀 이빨을 드러내듯 밀려오는 파도를 보고 있으면 말로 표현할 수 없는 감동이 밀려온다. 바다가 살아 숨 쉬는 느낌. 덩달아 내가 살아 있는 느낌이다.

파도가 일렁이면 바다가 요동치듯이 어떤 변화가 생기면 우리 마음은 동요하기 마련이다. 그것은 좋은 변화일 수도 안 좋은 변화일 수도 있다. 변화는 우리가 만들어놓은 생활 리듬을 깨뜨린다. 청약에 당첨되어 새집으로 이사하는 것, 좋아 보이지만 생활 근거지가 180도 변하는 큰 변화다. 간절히 바라던 임신을 했지만 입덧 때문에 제대로 못 먹고 피곤한 생활이 지속되는 것, 행복하지만 힘들고 고달픈 변화다.

'변화'는 우리가 원하든 원치 않든 일어나기 마련이다. 사람이 들어가서 물장구치는 파도도 있지만 바람의 흐름 때문에 일렁이는 파도도 있으니까. 변화는 적극적으로 만들어내지 않아도 외부 요인에 의해 얼마든지 일어날 수 있다. 그러한 ==변화에 어떻게 적응하느냐에 따라 고통의 강도는 달라진다.==

그렇다면 우리는 변화를 어떻게 받아들여야 할까? 특히 마음에 들지 않는 변화라면? 상황이 더 안 좋아져서 짜증 나고 우울해진다면? 어떤 이는 무조건 빨리 적응해야 한다고 말한다. 어차피 달라질 게 없다면 빨리 수긍하고 받아들이라고. 하지만 그게 말처럼 쉽지 않다. 마음속에 불만이 가득한데 수긍하는 게 어찌 쉬울까. 바라고 바라던 회사 면접에서 탈락했다거나 수년간 노력했던 공무원 시험에서 떨어졌다면? 사랑하는 연인에게서 갑자기 이별을 통보받거나 가족 중 누군가 암 진단을 받는다면? 상황이 급변했을 때 그 변화를 받아들인다는 게 마음처럼 되지 않는다는 걸 우린 이미 경험으로 알고 있다.

==어떤 변화로 인해 마음이 요동치고 불만이 쌓이기 시작할 때 마음에 일렁이는 파도를 받아들이는 가장 빠른 길은 그저 일단 '바라보는' 거다.== 얼핏 아무것도 하지 않는 것 같지만 그렇게 아무것도 하지 않는 것이 정말 중요하다.

바라본다는 것은 판단을 멈추는 것을 말한다. 마음이 불편할 때 우리는 '무엇 때문인지' 이유를 찾으면서 제멋대로 판단해버린다.

'또 불합격이야. 역시 나는 안 되나 봐.'

'내가 부족해서 그런 거지 뭐.'

'그 사람이 떠난 건 날 사랑하지 않아서야. 이제 아무도 날 사랑하지 않아.'

'남들은 쉽게 하는데 왜 나만 안 될까?'

'부모님이 좀 더 지원을 해줬더라면……. 우리 집이 부자였다면 좋았을 텐데.'

이런 판단은 나도 모르는 사이에 용수철처럼 튀어나온다. 그러니 조심해야 한다. 섣불리 변화에 적응하려다 보면 벌어진 상황에 대한 이유를 찾으려고 혈안이 된다. 왜 그런지 이유를 알아야 납득이 되고 그래야 받아들일 수 있다고 믿는다. 곧바로 문제를 해결하고 싶고 빨리 불편한 마음을 진정시키고 싶겠지만 일단은 아무런 비판이나 판단 없이 멈추기를 권한다. 일어난 변화를 그냥 바라보는 것, 그게 먼저다.

파도가 어디서 온 건지 왜 이런 파도가 왔는지 어차피 우리는 모른다. '내가 부족하고 노력을 덜 해서 그런 결과가 생긴 것'이라고 상황을 빨리 마무리 짓고 싶겠지만 진짜 그것 때문인지는 모른다. 내가 그렇게 믿고 있을 뿐이다. 마음을 빨리 진정시키고 싶다면 일단 파도를, 일렁이는 마음을 '있는 그대로' 바라보자.

객관적으로

있는 그대로

섣불리 판단하지 말고

# 마음결을
# 정리할 시간

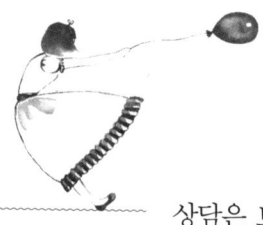

상담은 보통 50분씩 진행한다. 정시에 시작하고 50분에 마치는 게 일반적이다. 그래서 상담과 상담 사이에는 10분 여유가 생긴다. 그 10분 동안 상담일지를 '다다다' 빛의 속도로 정리하고 화장실도 다녀오고 커피가 남아 있어도 비우고 다시 내린다. 가만히 앉아 있지 않고 최대한 뭔가를 하면서 움직인다. 이전 상담을 마무리하고 다음 내담자를 맞이하려면 환기가 필요하기 때문이다.

이렇게 분주히 움직이는 건 상담을 마치고 난 '잔상'을 털어내기 위해서다. 잔상. 상담을 마치면서 내담자가 "안녕히 계세요"라고 인사를 하고 상담실 문을 '딸깍' 닫는 순간, 그 순간의 느낌이란 게 있다. 상담 직후 느낀 생생한 감정이기에 이보다 중요한 자료는 없다. 대개는 상담 중에 인상 깊었던 감정이나 아직 소화되지 않은 부분이 떠오른다.

가끔 생각보다 꽤 오래가는 잔상도 있다. 어떤 이유로든 정신적 에너지를 많이 쓰게 되면 그만큼 여파가 있다. 힘든 연애일수록 상처가 오래가듯 공을 많이 들인 상담일수록 잔상이 많이 남는다.

상담을 마친 후에 잔상이 느껴지면 상담과 상담 사이 10분 동안 그 감정을 빨리 정리해야 한다. 그래야 다음 상담에 온전히 집중할 수 있다.

그럴 때 글을 쓴다. 기록용으로 쓰는 상담일지가 아니라 나만의 상담일기. 주고받은 대화를 필름 돌리듯이 되감으면서 끄적거린다. 그림을 그리기도 하고 낙서를 하기도 한다. 내담자와 나누었던 대화, 상담사의 말에 미묘하게 변했던 내담자의 표정, 그 표정을 보고 난 느낌, 생각.

'아, 이럴 때는 이렇게 말해야 했는데…… 왜 이런 마음이 들었지? 너무 직설적으로 말했나? 섣부른 개입이었을지도…….'

여러 가지 생각이 오가다 보면 '아차' 싶다. 상담을 진행하면서 나의 속마음과 말하는 습관이 무심결에 드러난 것이다. 후회와 부끄러움으로 마음이 무겁다. 내담자의 의도를 단번에 파악하지 못한 나를 자책한다. 그리고 다짐한다. 다시는 그러지 말아야지. 다시 그러지 않는다고 누가 보장해주는 건 아니지만 '다짐'은 최선의 자기 방어니까.

그렇게 후회하고 반성하면서 마음을 가다듬는다. 메소드 연기를 하는 배우가 공연이 끝난 후에 다시 현실 세계로 돌아오면서 마음을 가다듬듯이 상담사도 상담 과정에서 쏟았던 마음결을 정리할 시간이 필요하다. ==상담사는 상담 내용 전체를 객관적으로 조망하는 관찰자이기도 하지만 상담 내용에 직접 뛰어드는 참여자이기도 하다.== 상담이 끝난 후에는 좀 더 객관적인 시각으로 자신을 평가해야 한다.

상담 후에 남는 잔상이 무엇이든 그걸 잘 소화하는 게 중요하다. 그래야 내담자를 마음에서 내치지 않고 끌어안을 수 있다. 자신을 버리고 떠난 어머니에게 울분이 많은 내담자가 "전 선생님이 싫어요"라고 외칠 때 내담자가 정말 상담사에게 불만이 있는 건지 상담사와 관계가 나빠질까 봐 두려운 건지 알아볼 여력이 생긴다. 통제 성향이 강한 내담자가 자기 멋대로 상담 일정을 좌지우지하려고 할 때 무조건 맞춰주는 대신, 서로 간의 안전한 경계를 세우는 법을 일러줄 수 있다.

이렇게 잔상을 소화하는 상담일기에

오늘도 나만의 문장이 추가된다

# 아픈 기억이
# 자꾸 건드려질 때

"얼마 전 딸애를 나무랐는데 좀 이따 보니 딸애가 옷장 속에 들어가 있더라고요. 그걸 보고 몸이 얼어붙는 줄 알았어요. 순간적으로 숨이 안 쉬어지는 거예요. 전 어렸을 때 아버지한테 많이 맞았거든요. 무서울 때면 옷장 속에 들어가서 웅크리고 앉아 몇 시간이고 숨어 있었죠. 그때 기억이 떠올랐어요. 요즘도 어린 시절 상처들이 불쑥불쑥 떠올라요. 다 잊었다고 생각했는데."

어릴 때 스케이트를 타다가 아스팔트에 세게 넘어졌다. 무릎부터 정강이까지 다 까져서 청바지가 흠뻑 젖도록 피가 났다. 응급처치를 했지만 상처 난 부위가 바지에 계속 쓸려서 짓무르고 쓰라렸다. 현기증이 날 정도로 아팠다.

몸에 난 상처도 이럴진대 마음에 난 상처는 오죽할까. 눈에 보이는 상처에는 연고도 바르고 수시로 들여다보면서 어느 정도 나았는지 확인한다. 상처가 아무는 속도가 더디면 처치를 더 하기도 한다. 그런데 마음에 난 상처는 보이지도 않고 확인하기도 어렵다. '시간이 지나면 저절로 아물겠지' 하면서 그저 덮어두기 마련이다. 몰라서 그렇지 보이지 않는다고 아프지 않은 건 아니다. 크든 작든 누구나 어린 시절 상처를 끌어안고 산다.

어린 시절, 부모와 가족이라는 보호막이 찢어진 상태에서 할 수 있는 일은 버티는 것뿐이다. 상상하기 어려운 공포와 두려움을 온몸으로 껴안는다. 그 상황을 벗어나기 위해 어린아이가 선택할 수 있는 것은 많지 않다.

어른이 되어 무언가를 선택할 힘이 생기고 삶도 달라졌지만 상처의 흔적은 말끔히 사라지지 않는다. '아픈 기억'은 타닥타닥 작은 불씨 같아서 아주 작은 자극이라도 주어지면 쉽게 타오른다. 어린 시절 느꼈던 무력감과 불안감, 예전의 아픈 기억이 자꾸 건드려질 때 어떻게 해야 할까.

**첫째, 아픈 상처를 애써 후비지 않기**

상처받은 어린 날의 기억을 짚다 보면 아프고 시리다.
'난 왜 이런 집에 태어났을까? 부모님은 나한테 왜 그랬을까?'
자신의 처지가 애처롭고 화가 난다. 묻어두었던 기억들이 줄지어 떠오른다. 분노와 수치심으로 얼룩져 있는 기억, 아픈 기억이 고구마 줄기처럼 줄줄이 떠오를 때는 '과거의 나'로 돌아가지 말고 잠시 '컷!' 하는 게 필요하다. 예민하게 감정이 타올랐을 때는 과거로 돌아가지 않는 게 좋다. 상황을 사진처럼 '찰칵!' 찍어두고 다음 장으로 넘겨야 한다. 물을 한잔 마시거나 지금 있는 장소에서 벗어나 다른 곳으로 가기를 바란다.

 **둘째, 안정된 상태에서 상처 들여다보기**

그게 무엇이든 심신을 진정시킬 수 있는 걸 한다. 향이 좋은 차를 우려내거나 공원을 산책하거나 멋진 야경을 보러 가거나. 마음이 편안해지고 말랑말랑하게 준비가 되었을 때 상처를 들여다봐야 한다. 스스로 곱씹어도 좋고 누군가와 함께 이야기해도 좋다.

상담사가 되기 훨씬 전부터 혼자 해오던 습관이 하나 있다면 세상 고요한 새벽에 노트북을 켜고 글을 쓰는 거다. 내가 가장 편안한 상황에서 가장 편애하는 매개체로 상처를 들여다보는 게 제일 안전하다. 어느 정도 나았는지 덧난 데는 없는지 꼼꼼히 들여다본다.

혹은 말을 꺼냈을 때 아무런 편견 없이 토 달지 않고 묵묵히 들어 줄 사람이 있다면 그에게 찾아가 봐도 좋다. 지인에게 말하기 부담스럽다면 상담사를 찾아도 좋고.

 **셋째, 상처에 바를 약 제조하기**

조심스럽게 상처를 들여다봤는데 심하게 덧나거나 짓물렀다면 약을 발라야 한다. 아무런 조치를 하지 않으면 상황이 나빠지기만 할 뿐이다. 중요한 건 내 상처에 바를 약은 스스로 제조해야 한다는 거다. 사람마다 처한 상황과 감정이 다르기에 일반적으로 통용되는 약은 없다. '나를 제일 잘 아는 건 나'라는 믿음이 필요하고 '내 상처를 아물게 하는 명의는 바로 나다!'라고 외쳐야 한다.

비슷한 경험을 했어도 사람마다 실제 느끼는 것은 다르다. 어린 시절 아버지로부터 학대를 경험한 어떤 사람은 '어머니 대신 내가 맞아서 다행이다'라고 생각했다고 한다. 어머니를 향한 애틋함으로 보호자를 자처하면서 살아온 거다. 또 어떤 이는 아버지와 오빠의

폭력을 어머니에게 힘들게 고백했는데 어머니가 묵과하거나 '네가 잘못했겠지'라는 식으로 말해서 더 큰 상처를 입기도 한다. 어떤 경우에는 일상이 된 폭력에 익숙해진 나머지 결혼 후에도 일부러 남편이 때릴 만한 상황을 만들어서 폭력을 자초하기도 한다.

이렇듯 사람마다 처한 상황이 다르고 자신의 경험을 어떻게 해석하는지도 다르니 그 안에서 겪는 감정도 다양할 수밖에 없다. 어느 정도는 외부 도움을 받을 수 있겠지만 언젠가는 내 마음에 바를 연고를 내 힘으로 제조해내야 한다.

 **넷째, 현재를 찬찬히 살펴보기**

과거의 아픈 기억은 취약해져 있을 때 비집고 들어오기 쉽다. 원하던 대로 일이 잘 풀리고 주변 사람들과 관계도 좋고 경제적으로도 풍족하다면 과거의 상처는 크게 요동치지 않는다.

과거의 상처가 자꾸 신경 쓰인다는 것은 지금 내 상태가 취약하다는 의미다. 매일 반복되는 육아로 지치고, 간절히 준비한 시험에 실패하고, 남편 혹은 아내가 나를 소홀히 여기고, 직장 상사에게 비난을 들었을 때 우리는 약해지고 불안해진다. 현재 느끼는 불안이 극에 달할수록 과거의 아픈 상처는 쉽게 소환된다. 마음이 보기에 지금이 '위태로운 상황'이어서 '자신을 보호하라'고 경계경보를 내리는 거다.

과거의 아픈 기억이 왜 하필 '지금' 나를 괴롭히는지 생각해보기 바란다.

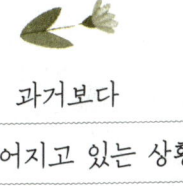

과거보다
현재 벌어지고 있는 상황을
다루는 게 훨씬 더 쉽고
현명한 일이다

# 자신이
# 가장 아름다운 순간

가끔 옷장을 들여다보고 놀랄 때가 있다. 베이지색, 회색, 흰색. 니트 티셔츠와 무릎 밑으로 내려오는 모직 스커트, 쭉쭉 늘어나는 검은색 바지 하나. 어쩜 이리도 단조로울까. 거의 모든 상의를 받쳐내는 멀티 플레이어 검정 바지 하나면 사실상 코디 완성이다. 무난하고 여기저기 어울리고 활동이 숨 쉬듯 편해야 하는, 딱 지금 내 삶이다. 튀지 않고 모나지 않은, 어떤 내담자와도 정서적 코디가 비교적 쉬운 옷차림.

'상담사니까 너무 눈에 띄는 액세서리나 개성 있는 무늬는 피하고 무난하게 입으시오'라는 지침은 학회 규정 어디에도 없는데 관련 모임에 가보면 나와 비슷한 차림새가 상당히 많다. 가끔은 부끄러울 정도로 정말 많다. 무채색, 단발머리, 단화, 크고 실용적인 가방. 간혹 알사탕만한 보석 반지를 꼈거나 형광 핑크 코트를 입은 상담사를 만나기도 하지만 사회적 금기에서 벗어나지 않는 수준이다. 눈썹에 피어싱을 하거나 등에 용 문신을 한 상담사는 잘 없다. 어깨를 드러내거나 짧은 스커트, 가슴과 엉덩이가 만들어내는 'S라인(크든 작든 찌그러지든 누구나 S는 있으니까)'을 드러낸 옷차림도 거의 볼 수 없다.

그도 그럴 것이 상담을 하러 갔는데 진한 화장을 하고 딱 붙는 레깅스 차림을 한 상담사가 앉아 있다면 열에 아홉은 다시 나가서 간판을 확인하고 올 것이다. 길을 잘못 든 게 아닐까 의심하면서. 정말 길을 잘못 들었다면 '어이쿠!' 하면서 다시 길을 찾을 것이요, 제대로 온 거라면 '어이쿠!!' 하면서 다시 돌아 나가겠지. 어찌 됐든 진한 화장을 한 상담사는 민낯으로 결혼하는 신부만큼이나 놀라운 일이다.

옷차림은 첫인상을 좌우하는 것이니만큼 상담사를 처음 만난 내담자에게 무던한 인상을 주는 게 필요하다. 상담 과정은 '안정과 신뢰'를 바탕으로 하기에 보여주기 차원에서라도 아나운서처럼 단정하고 신뢰감을 주는 차림을 하는 것이 좋다. 내담자에게 불필요한 선입견을 심어주는 옷차림은 될 수 있는 대로 피하는 게 좋고.

대학원 시절, 무릎 위로 한 뼘 정도 올라오는 빨간 치마를 입고 상담 시연에 참여한 적이 있다. 내담자 역할을 한 교수님께서 "근데 선생님처럼 이렇게 입고 다니면 바람이 숭숭 들겠네요"라고 돌려서 지적했다. 실제 상담 현장에서 내담자가 상담사의 옷차림을 지적하는 일은 거의 없지만 그런 내담자의 속마음을 말로 표현해주신 거였다. 상담에서는 비언어적인 표현이 더 중요한 순간들이 있다.

하지만 과거, 눈썹 피어싱과 반짝이는 금색 바지, 형광 핑크 코트를 사랑하던 사람으로서 지금의 내 옷장은 180도 달라진 내 삶만큼이나 놀랍다. 20년 전 영국의 패션 디자이너 알렉산더 맥퀸을 신봉하던 의상 학도가 이런 단조로운 옷장을 갖게 될 줄 누가 상상이나 했을까. 그때는 맥퀸의 상상력과 천재성에 반해서 밤새 재봉틀을 돌려 비슷한 옷을 만들려고 흉내를 냈다. 러플 안쪽에 철제 옷걸이를 구부려 넣어서 날개처럼 만든 옷을 입고 다녔다. 사람들의 시선에 내심 자랑스러워하던 그 시절.

하긴 옷차림은 변화의 일부일 뿐 패션 디자이너와 상담사라는 전혀 상관없는 타이틀을 넘나든 삶이 더 놀라울 뿐이다. 과거에 의상학을 전공했고 디자이너로 일했다는 걸 알면 바로 따라 나오는 질문이 이거다.

"디자이너를 하다가 왜 상담사가 되셨어요?"

이런 질문을 받으면 잠시 말을 잃는다. 당황한 건 아니다. 워낙 많이 받는 질문이기 때문에. 다만 스스로 반문한다.

'그러게, 왜 디자이너를 하다가 상담사가 되었을까?'

전혀 상관없어 보이는 두 직업군을 두고(사실 그 외에도 다른 직업을 가진 적이 있다) 이걸 어떻게 연관 지을까 고민했다. 이미 겪은 일을 가지고 끼워 맞추려는 게 아이러니하지만 나를 이해하는 과정이라 여겼다.

디자이너로 사는 삶은 화려하고 고독했다. 막내 디자이너였지만 발 디딘 곳이 패션 업계다 보니 유명 브랜드 옷을 저렴하게 구할 기회가 많았다. 잠시나마 물질적 가치로 환산된 행복을 살 수 있었다. 그렇게 멋진 옷을 입고 바에서 술을 마시는 인생. 그런데 그 옷 주머니 속에는 몇천 원밖에 없었다. 현란한 타투를 목 뒤에 새겨 넣고 센 척했지만 24시간 일해도 한 달에 110만 원밖에 못 번다고 누구에게도 털어놓을 수 없었다.

그래, 정확히 말하면 '성공하지 못한 디자이너'라고 해야겠다. 창작을 좋아했고 내 아이디어가 옷이라는 실물로 표현되는 게 행복했지만 가난한 창작자의 열정을 유지할 만큼 충분한 장작이 없었다고 할까. 돈이 없는데 있는 척, 자신감이 없는데 센 척, 불안해 죽겠는데 멀쩡한 척하기가 싫었다고 할까. 이런 고민의 시간을 거쳐 어느 날 심리학도가 되어 있었다.

하지만 디자이너와 상담사, 이 둘의 분명한 연관성은 '내가 선택한 것'이라는 데 있다. 둘 다 내가 좋아하고 깊이 파고들기를 원한 일이다. 겉으로 보이는 이미지와 추구하는 방향이 서로 다를 뿐.

디자이너는 개성을 살리는 옷을 입고, 상담사는 티피오(시간, 장소, 상황에 맞게 옷을 착용하는 것)를 살리는 옷을 입는다. 상대의 시선보다는 내 만족이 더 중요했던 예전에는 '남들과 다르게' 입는 걸 선호했지만 상대와의 교감이 중요해진 지금은 '남들과 다르지 않게' 입는 걸 선호한다. 개인적 취향보다는 신뢰와 안정감을 줄 수 있는 옷을 더 즐겨 입는다. 그래서 회색 치마에 베이지색 티셔츠를 입은 내 모습이 가장 자연스러워 보인다. 그게 지금의 내 모습이니까.

그 사람의 지향점이 드러난다는 점에서 옷은 분명 매력적이다. 바쁘게 돌아다녀야 하는 영업사원은 높은 굽보다는 단화를 선호하고 부자여도 검소한 사람은 한 켤레의 구두로 사계절을 보낸다. 보이는 게 중요한 직업을 가진 사람들은 매일 두세 벌의 옷을 갈아입을 것이고 자기만의 세계를 추구하는 예술가는 남들이 이해 못 하는 조합으로 옷을 입을 수도 있다. ==옷차림은 그 사람을 드러내는 가장 솔직하고 직관적인 수단이다. 솔직하게 드러내기를 주저하지 않는다면 '자기 해방의 도구'로도 쓸 수 있다.==

내가 디자이너로 계속 살 수 없었던 건 재능이 없거나 기회가 없어서가 아니다. 남의 시선을 의식한 나머지 자신에게 솔직하지 못했고 감출 게 많아지니 힘에 부쳤다. 유명 브랜드 옷을 그대로 흉내 내지 않고 내 체형과 감성에 맞는 옷을 만들었다면 어땠을까. 부자처럼 보이는 그럴듯한 옷이 아닌 20대 주머니 사정에 어울리는 편한 차림으로 지냈으면 어땠을까.

누구나 그 사람다울 때
그 사람과 어울리는 옷차림일 때
가장 아름답다는 사실을
이제 알 것 같다

# 오늘부터
# 행복해지는 법

　　　　　　　　　　　행복은 특별한 이벤트가
아니다. 시험 합격, 대회 수상, 좋아하는 사람에게 고백받기, 연봉 두 배 인상. 목표를 성취하는 기쁨은 분명 행복이지만 목표를 위해 참아낸 시간을 생각하면 '보상'을 받는다는 느낌이 더 크다. 해냈다는 성취감은 달지만 다음번에 또 해내야 한다는 압박감도 함께 따라온다. 그래서 마냥 기쁘지만은 않다.

　행복은 '한 번의 함박웃음'보다는 '자주 번지는 잔잔한 미소'에 가깝다. 새벽녘 어슴푸레하게 떠오르는 해, 커피 원두를 갈 때 퍼지는 향기, 잠든 아이 엉덩이를 토닥일 때 느껴지는 토실토실한 감촉, 노트북에서 나는 익숙한 타자 소리. 일상에서 주어지는 소소한 행복은 자주 찾아오고 힘들여서 얻은 게 아니라서 그 자체로 달다.

여기서 중요한 지점이 있다. 일상에서 잔잔한 미소가 번지는 순간들이 그저 달게 느껴지는 이유는 그것이 온전한 '내 것'이라서 그렇다. '내 것'이라 함은 내가 원하고 선택하고 실천하는 것. 소소한 일상을 내가 원하는 대로 이끌어가는 것. 행복은 거기에서 출발한다.

내가 원하는 대로 이끌어가는 것을 한 단어로 표현하자면 통제감(sense of control)이다. 통제감의 사전적 정의는 '내면, 행동, 자신을 둘러싼 환경을 스스로 통제할 수 있다는 믿음'이다.

통제감이 왜 중요한지는 그게 없는 상황에 한 번이라도 놓이면 알게 된다. 군대를 생각해보자. 정해진 시간에 강제 기상, 정해진 훈련을 강요받는 생활. 정해진 시간에 모두 같은 식단으로 밥을 먹고 잠자는 시간까지 규칙대로 따라야 하는 환경. 복종을 강요받고 개인의 자유의지는 관물대에 넣어두라는 군대. 까라면 까라는 식의 규칙은 개인의 통제감을 봉쇄한다.

육아는 또 어떤가. 아이(특히 신생아)라는 존재는 군대보다 더한 위력을 지녔다. 2~3시간마다 밥 달라고 울고 졸리다고 울고 쉬해서 울고 더워서 울고 추워서 울고 그냥도 운다. 끝이 없는 육아에 시달리다 보면 부모의 식욕, 수면욕, 성욕이 봉쇄된다. '내가 없어지는 느낌' 혹은 '이러려고 결혼했나' 하는 자괴감에 서글퍼지기도 한다.

통제감이 없는 삶, 내가 없는 삶은 우울을 부른다. '내가 할 수 있는 게 없네, 원하는 게 다 안 되네, 방법이 없네, 끝도 없네' 하다 보면 우울해진다. 부모로부터 성적 압박을 많이 받는 학생은 아무리 노력해도 성적이 오르지 않을 때 '끝없는 우울'을 경험한다. 어른들 말씀 잘 듣는 꽉 막힌 모범생들이 더 문제다. 정해진 틀을 따르기만 했기에 오직 '성적이 올랐을 때'만 인정받을 수 있다고 생각한다. 낮은 성적은 곧 인생 실패, 낙오자라고 극단적으로 생각하기 때문에 상태가 더욱 심해진다.

정해진 틀을 무조건 따르기만 하면 내가 뭘 좋아하는지 뭘 못 하는지 어떤 사람인지 알지 못한다. 삶을 꾸려갈 방법을 모르기 때문에 살고 싶어지지 않는지도 모른다. 그래서 국내 청소년 자살률이 이토록 높은지도.

우울이 심하면 일상이 무너진다. 무기력함이 온몸을 짓눌러버려 종일 침대에서만 보낸다. 극심한 우울로 일상이 무너져 내렸을 때 '아무거라도 좋으니 루틴(반복적인 일상습관)을 하나 만들어보세요'라는 제안을 자주 한다. 거창한 게 아니다. 가령 '아침에 눈을 뜨면 발가락 꼼지락거리기' 같은 것. 어떤 분은 '여름철에 선풍기를 머리 쪽에 두기'가 루틴이라고 했고 어떤 분은 '눈 뜨자마자 스마트폰으로 유튜브 보기'라고 했다. 뭐가 됐든 내가 일상에서 매일 할 수 있는 것, 내가 정해놓고 따를 수 있는 것, 그거면 된다. ==루틴을 만들라는 의미는 '당신이 원하는 일상을 만들어보세요. 내가 살아가는 순간을 내가 만들고 있음을 느끼세요'라는 것이다.==

'내 것'을 찾는 것. 그게 중요하다. 내가 좋아하고 원하고 그래서 하고 싶은 것. 그보다 더 중요한 건 '그래서 실제로 하는 것'. 소소한 일상을 스스로 선택하고 누리는 것.

각자 한번 물어보기 바란다. 내 것인 인생을 살고 있는지. 소소한 일상을 스스로 선택하고 누리고 있는지. 하나하나 떠올리다 보면 잔잔한 미소가 머금어지는 '그것'을 갖고 있는지. 그게 바로 당신의 행복이다.

일상의 내 것을 찾아
오늘부터 행복해지는 연습을 하자

3부
오롯이 내게 귀 기울여줄 누군가

# 말하지 않아도
# 괜찮아

26세, 구청에서 사회복무를 하는 형돈 씨는 오후 6시에 복무를 마치면 근처 편의점에서 아르바이트를 한다. 처음에는 구청에 알리지 않고 몰래 일했는데 지각과 결근을 반복하다가 결국 발각이 됐다. 덕분에 형돈 씨의 어려운 사정도 드러났다.

형돈 씨가 복무를 시작한 지 얼마 안 되었을 때 어머니와 연락이 끊겼다. 문자는 꼬박 하루 동안 쌓이기만 했고 걱정되어 전화했지만 응답이 없었다. 집으로 찾아갔는데 어머니와 형의 짐만 보이지 않았다. 그렇게 며칠이 지나고 형에게 연락이 왔는데 '우리는 잘 있으니 걱정 마라. 잘 지내라'라는 짧은 문자가 다였다. 형돈 씨는 황당했지만 놀라지는 않았다. 어떤 상황인지 형에게 구구절절 설명을 듣지 못했지만 왠지 알 것 같았다.

형돈 씨는 고등학교를 졸업하고 바로 생계에 뛰어들었다. 어머니와 형은 함께 배달업을 했는데 나쁜 사람들에게 사기도 여러 번 당했고 사채 때문에 야반도주를 한 적도 있었다. 어머니와 형이 사라진 건 아마 돈 때문일 것이고 그게 해결되면 반드시 돌아올 것이라 믿는다고 했다.

형돈 씨가 무리해서라도 편의점 아르바이트를 하는 것은 월세를 내야 하는 이유도 있지만 어머니와 형이 하루라도 빨리 돌아오기를 바라는 마음에서였다. 담당 주무관은 형돈 씨의 사정이 마음에 쓰였는지 육체적으로 힘이 덜 드는 부서로 배치해주고 심리지원도 받을 수 있게 해주었다.

형돈 씨는 꽤 늦은 시간에 상담센터에 왔다. 근무 시간 중에 상담을 해도 되는데 굳이 일과 후에 개인 시간을 쪼개서 받으려 했다. 보통 7~8시, 주변 사람들에게 알려지는 게 싫어서 그런가 했는데 그게 아니라 '저녁 시간에 누군가와 함께 있고 싶어서'라고 했다. 형돈 씨가 지금 힘든 부분은 경제적 어려움이나 육체적 힘듦이 아니라 '곁에 아무도 없다는 외로움'이었다.

"선생님, 저 왔어요."

창밖으로 어둑해진 풍경이 보일 때 즈음, 형돈 씨가 왔다. 하루 일과를 마치고 오느라 힘들었을 텐데 형돈 씨는 미소 띤 얼굴이다. 느릿느릿 들어와서 문가에 가방을 내려놓고 자리에 앉았다.

상담실에는 형돈 씨가 유독 좋아하는 자리가 있다. 대부분은 테이블과 커다란 의자가 있는 곳에 앉는데 형돈 씨는 대기실 창가에 있는 작은 테라스 의자를 좋아한다. 늦은 시간이라 대기실에 사람이 없어서 형돈 씨가 좋아하는 대기실 창가 의자에 나란히 앉았다.

창가 위에 매달아둔 노란 스탠드 불빛이 형돈 씨 얼굴을 비춰 다시 창가에 반사되었다. 형돈 씨는 창가에 비친 자신의 얼굴을 보는 것을 좋아했다. 창가에 비친 그의 얼굴은 간간이 우울해 보였다. 그의 시간이 방해되지 않게 최대한 천천히 차를 준비했다.

형돈 씨가 처음부터 이 자리에 앉은 것은 아니다. 처음 상담센터에 왔을 때는 어딘지 불편한 내색이 가득했다. 담당자의 권유로 왔지만 자신을 드러내야 하는 상담은 형돈 씨에게 부담이었을 것이다. 내담자가 앉는 자리가 정해져 있었지만 계속 쭈뼛대며 눈을 피하는 형돈 씨에게 "그냥 동네 카페에 왔다 생각하고 원하는 자리에 앉아요. 오늘은 아무 말도 안 해도 돼요"라고 했더니 대기실 창가에 있는 작은 의자에 앉았다. 상담실 안에 그의 마음에 드는 자리가 있어서 참 다행이라는 생각이 들었다.

형돈 씨와의 상담은 말을 많이 하지 않는다. 형돈 씨는 내 얼굴보다는 창가에 비친 자신의 얼굴을 보는 시간이 더 많았다. 오늘 하루가 어땠는지 점심 메뉴로 뭐가 나왔는지 힘들게 하는 사람은 없었는지 지난주에 TV 예능 프로그램 『놀면 뭐하니?』를 봤는지 등을 가볍게 묻는 정도다. 형돈 씨는 나와 대화하고 싶어 하지 않았다. 뭔가 이야기를 끌어내야 하지 않을까 잠시 고민했지만 그게 우리 관계를, 이 시간을 방해할 것만 같았다.

곰곰이 되짚어보니 상담에 동의한 이유에 대해 그는 '저녁에 누군가와 함께 있고 싶어서'라고 했지 '누군가와 대화하고 싶어서'라고는 안 했다. 그리고 상담은 말로만 소통하는 게 아니다. 대화 내용보다는 함께 나누는 온기에서 더 많은 치유가 일어남을 믿는다. 나의 온기를 나누어주면서 함께 침묵하는 동안 내 마음도 편했다.

==그가 내 얼굴보다 자신의 얼굴을 더 많이 본다는 건 뭘 말하는 걸까. 아직 타인과 소통하기보다는 자기 자신과의 소통을 더 원한다는 것이 아닐까.== 자신이 누구인지 무엇을 좋아하고 어떻게 살아가야 하는지 그리고 왜 태어났는지, 그런 고민이 가득한 게 아닐까.

학창 시절 내내 돈에 찌들어 살던 어머니와 형을 보면서 '원하는 것'을 고민하기도 전에 바로 생업에 뛰어들어야 했을 거다. 수능 공부를 하는 친구들과 다른 길을 가야 한다는 것이 그에게 어떤 의미로 다가왔을까. 음악을 좋아했지만 원하는 악기를 살 수가 없어 포기하고, 마음에 드는 여자친구가 있어도 남들처럼 연애하기 어려울 것 같아 포기해야 했던 마음은 어떤 거였을까. 가족들이 빨리 돌아오기를 바라면서 힘들게 돈을 버는 하루의 노동이 그에게 어떤 의미일까. 형돈 씨는 오늘 하루를 어떤 마음으로 살아냈을까.

 형돈 씨와 같은 방향으로 앉아서 나도 나에게 계속 질문을 던졌다. 언젠가 이 질문을 형돈 씨에게 할 수 있기를 바라면서.

아무 말 안 해도
---
같은 방향으로 앉아 있기만 해도
---
위로가 되는 순간
---

# 불편함을 느끼는
# 지점

상담실에 들어와서 자리에 앉을 때까지 어색한 기운을 내비치던 인영 씨는 이런저런 얘기를 늘어놓다가 대뜸 물었다.

"다른 사람들은 보통 어떨 때 상담받으러 오나요? 상담에 많이들 오긴 하나요?"

처음 이런 질문을 받았을 때는 의아했다. 상담이란 지극히 개인적인 것인데 다른 사람들이 어떨 때 상담을 받는지 상담받으러 많이 오는지 그런 게 왜 중요할까. 본인 이야기만 해도 아까울 상담 시간에 내 문제와 상관없는 다른 사람들 이야기가 왜 궁금할까.

하지만 이 질문도 결국은 자신에 관한 이야기다. 내가 지닌 문제가 상담받을 만한 문제인지 상식적으로 타당한 건지 궁금한 것이다. 친구들과 얘기해보면 다들 먹고 사는 게 힘들고 시부모와 크고 작은 갈등이 있고 남편은 정말 '남의 편'이고 사춘기 아이들은 죄다 말을 안 듣는다. 다들 그렇게 사는데 나만 유독 힘들다고 징징거리는 건 아닌지 염려되어서일 것이다.

인영 씨는 결혼한 지 한 달 된 신혼이다. 서른을 갓 넘긴 나이. '혼자 살아도 괜찮아'라는 마음으로 자유롭게 지내왔는데 남편의 간절한 구애로 결혼을 결심했다. 순박하고 착한 남편의 성품만 믿고 한 결혼이었다. 뭐든 잘 맞춰줬기에 함께 살아도 괜찮을 것 같았다.

신혼여행에서 돌아와서 시가에 인사를 드리러 갔다가 하룻밤 자고 가라는 시어머니의 한마디에 갈등이 시작됐다. 잠자리에 예민한 인영 씨는 불편한 시가에서 자기 싫었다. 남편에게 그냥 집으로 가자고 우겼지만 마음 여린 남편은 갈팡질팡했다. 할 수 없이 시가에서 하룻밤을 보냈고 자는 내내 불편한 속내로 끙끙거렸다.

그 후로도 시어머니와 사사건건 부딪쳤다. 시어머니는 반찬을 가져다준다면서 신혼집 비밀번호를 알려 달라 했고, 어느 날은 오후에 전화해서 그날 저녁을 같이 먹자고 하는 바람에 친구와의 선약을 취소했다. 시어머니의 호의는 감사하지만 불편했다. 단호히 거절하지도 못하고 불편한 심기를 꾹꾹 누르다가 결국 먼저 결혼한 친구들에게 속사정을 토로했다.

"원래 시가는 다 그런 거야."

"'시'자 멀리하라는 말이 괜히 있겠니? 난 시금치도 안 먹는다고."

"별수 있니. 초반에 남편을 확 휘어잡아야 해."

친구들은 각자 자신의 속사정을 털어놓았다. 시어머니가 동창 모임 때마다 운전을 시킨다는 친구, 혼수를 적게 해왔다고 무시당했다는 친구, 음식 솜씨가 없어서 당신 아들이 말랐다며 잔소리를 들었다는 친구. 그 앞에서 더는 얘기를 꺼낼 수 없었다.

인영 씨는 혼란스러웠다. 친구들 얘기를 들으니 시가와의 갈등은 원래 그런 것 같았다. 다들 힘들어도 그냥 참고 사는데 왜 나는 이렇게 힘든지, 왜 이렇게 불편하고 짜증이 나는지 알 수 없었다.

사실 그냥 참으면 된다. 괜히 긁어 부스럼 만들지 않아도 되니까. 불편한 순간에도 입 꾹 닫고 상황이 끝날 때까지 두 눈 감고 버티면 된다. 문제를 키우지 않으려고 불편한 티 안 내고 넘어가니 다들 그런가 보다 하고 지나간다.

하지만 '참는 버릇'은 사람을 수동적으로 만든다. 아무것도 하지 않는 걸 최선으로 선택한 사람은 문제 해결에 다양한 대처법이 있다는 걸 모른다. 생판 모르는 남에게 쌍욕을 들어도 아무 대꾸도 하지 못한다. 그렇게 억울함이 쌓여간다.

마음속에 불덩이가 있다고 생각하면 된다. 작은 불씨일 때 그때그

때 꺼뜨리면 될 것을, 그걸 못 해서 결국 화상을 입는다. 병이 된다. 그러니 불편한 마음이 들기 시작할 때 해소하는 게 차라리 수월하다. 해소한다는 것은 문제를 해결하는 게 아니라 불편을 해소하는 것이다. 관계는 각자의 입장과 역할이 마주치는 거라서 내가 원하는 대로만 흘러가지 않는다. 주어진 상황을 바꿔보려고 용쓰기 전에 마음에 들어찬 불편을 해소하는 것, 마음이 어떤 상태인지를 살피는 것이 먼저다.

"인영 씨, 시어머니가 비밀번호를 알려 달라고 했을 때 어떤 마음이었어요?"

"반찬 갖다 주시려고 그런다는데 전 너무 싫었어요. 아무 때나 불쑥 찾아오면 어쩌나 싶고, 저 없을 때 집에 드나드는 것도 싫어요. 감시당하는 기분도 들고 흠 잡히기 싫은 마음도 있고요."

사람마다 불편을 느끼는 지점은 다양하다. 보통은 '내가 싫어하면 상대도 그걸 알겠지'라고 생각하는데 표현하지 않으면 상대는 모른다. 따라서 내가 느끼는 불편을 어떻게든 표현하는 게 낫다. 그 표현 방식이 얼마나 세련되었는지가 관건이다. 대놓고 "비밀번호를 알려 달라뇨, 그건 말이 안 되죠!"라고 말하면 시어머니는 앓아누울지도 모른다. 내 불편한 마음을 해소하면서 관계도 유지해야 하기 때문에 상대가 수용할 수 있는 방식으로 표현해야 한다.

몇 회기 상담을 마치고 어느 날 인영 씨는 저녁에 시가에 혼자 찾아갔다. 시어머니와 함께 밥을 먹고 단둘이 앉아 똑바로 말했다.

"어머니, 제가 자취를 오래 해서 아직은 혼자가 더 익숙해요. 이제 결혼했으니까 함께 사는 거에 익숙해져야 하는데 그게 쉽지 않네요. 어머니가 잘해주시려는 마음은 알지만 저희 집에 불쑥 오실 때마다 가슴이 철렁해요. 제가 준비될 때까지 저한테 시간을 주실 수 있을까요?"

시어머니는 당황한 눈치였고 내심 서운해하기도 했지만 그 후로 집에 불쑥 찾아오지는 않았다고 한다. 인영 씨는 시어머니를 문전박대하는 것 같아서 죄송하면서도 자신의 요구를 들어준 시어머니에게 감사했다.

사실 인영 씨는 갈등의 골이 그리 깊지 않을 때 상담을 받으러 왔다. 보통은 참다 참다 도저히 못 참을 때 온다. 울화통이 터져 소화도 안 되고 밤에 잠도 못 자겠고 매사 짜증이 나서 일에 집중이 안 될 때 상담센터를 찾는다.

일상이 틀어질 정도로 울화가 치미는 상태에서는 마음속 불을 끄는 게 먼저라서 문제 해결이나 적절한 대처 방법을 찾는 것은 천천히 다루게 된다. 상담에서 원하는 성과를 얻기까지 오래 걸리는 게 그래서일지도 모르겠다. '내 문제가 대수롭지 않은 것 같고, 남들도 다 이만큼은 겪는 것 같고, 크게 심각하게 느껴지지도 않을 때' 그럴 때 상담센터를 찾는다면 좀 더 빨리 원하는 부분에 이를 수 있다.

누군가 "겨우 이런 일로 상담받아도 될까요?"라고 묻는다면 "겨우 이런 일일 때 상담에 오셔서 참 다행입니다"라고 말해주고 싶다. 암을 3기에 발견하는 것보다 초기에 발견하여 치료하는 게 완치율이 높듯이 갈등이 그리 깊지 않고 마음속 울화가 다룰 만한 것일 때 상담 결과가 좋고 상담 기간이 단축된다.

일상의 작은 불편을 그냥 넘기지 않았으면 한다. 감정을 쉽게 드러내지 않고 주변 사람에게 잘 맞춰주는 성격이라면 더욱 그렇다. 스스로에게 매 순간 물어야 한다.

'이렇게 넘어가도 정말 괜찮아?'

그리고 평소 내가 하던 행동이나 마음가짐이 달라지지는 않았는지 잘 살펴야 한다. 마음 한구석 불편함이 무의식적인 행동으로 드러나기도 하기 때문이다. 평소 안 하던 실수를 하지는 않는지 집중력이 흐려지지는 않는지 약속을 자주 잊거나 중요한 메모를 깜빡하지는 않는지 점검해보기 바란다. 사소한 일에 예민해지거나 나도 모르게 자책하는 게 버릇이 되었다면 상담이 필요한 신호일 수 있다.

다시 한 번 강조하지만 작은 불편함이 조금씩 쌓여간다고 느낄 때가 상담센터를 찾아야 하는 적기다. '겨우 이런 일로 상담을 받는다고?'라는 내적 외침이 있을지 모르나 그건 모르는 소리다. 불편함은 그대로 두면 시간이 지나 사라지는 게 아니라 병이 된다. 마음에 생긴 병은 '차라리 죽는 게 낫다' 싶을 정도로 고통스럽고 치료가 더디다. 작은 고비일 때 무사히 넘어가는 방법을 배운 사람은 큰 고비가 찾아와도 당황하지 않고 내상을 덜 입는다.

문제가 소소하고 별것 아닐 때

회복력이 건재할 때

그때가 상담을 시작하는

최적의 시기다

# 내면 깊숙한
# 부대낌

지난 십 년간 사람들을 숱하게 만났다. 한 해 동안 만나는 사람이 300명 정도이니 지금까지 상담으로 만난 사람이 대략 3천 명쯤 될까. 3천 번의 인사를 나누고 3천 번의 관계를 맺고 3천 개의 삶을 만난 거다.

이쯤 되면 말 몇 마디만 나누면 척척 알아차릴 것 같은데 실은 그렇지가 않다. 사람들은 저마다 다르다. 같은 상황을 겪어도 처한 입장에 따라 상반된 감정을 품기도 한다. 그래서 매번 새로운 내담자를 만날 때면 긴장해야 한다. 대충 듣고 '뭐, 딱 보니 이런 문제네' 하는 생각이 스치는 순간 상담 관계는 어긋난다.

오전 9시, 머리가 희끗한 중년 부인이 찾아왔다. 1주일 전에 교통사고로 남편을 잃었다고 한다. 갑작스러운 이별이었다. 평생 고생만 했으니 이제는 편히 놀러 다니자며 두 손 꼭 잡고 약속한 지 얼마 되지 않았다고 한다. 하지만 부인은 의외로 밝고 덤덤했다. 예정된 이별도 감당하기 어려운 법인데 갑작스러운 일을 겪은 부인이 어떻게 이렇게 침착할 수 있을까.

알고 보니 남편은 평생 알코올 중독으로 가족들을 괴롭혀왔다. 경제력이 없는 남편을 대신해서 배달부터 일용직까지 안 해본 일이 없었고 취한 남편이 아이들에게 폭력을 휘두를 때는 '밤중에 베개로 남편을 죽여버릴까' 망설였다. 결국 아이들을 데리고 집을 나갔고 7~8년을 떨어져 지냈는데 딸아이 결혼식을 계기로 최근에야 다시 연락하게 됐다.

"남편이 잘못했다고 싹싹 비는 거예요. 아이들, 저 고생시킨 거 이제 남은 시간 동안 두 배로 갚으면서 살겠다나요. 평생 속을 뒤집어 놓은 남편인데 그 말을 들으니 마음이 좀 흔들리긴 하더라고요. 근데 이게 쉽게 용서가 안 돼요. 남편 죽은 게 참…… 그 사람 인생도 가엾다 싶지만 한편으론 후련해요."

부인의 넋두리를 들으면서 '참 애달프다' 싶었는데 갑자기 뭔가 찜찜했다. 남편이 가족들을 평생 괴롭히긴 했지만 이미 7~8년 동안 떨어져 살았다. 내담자는 그간 자녀들과 함께 지냈지만 남편은 긴

세월 동안 혼자 외롭게 지냈다. 게다가 죽기 직전 남편이 자신의 잘못을 뉘우치면서 사과도 했는데 내담자에게는 남편을 향한 연민이 거의 느껴지지 않았다. 죽음이 후련하다니. 남편에게 한이 많아서 그렇다고 하기에는 뭔가 석연치 않았다.

남편을 애도하기 위한 게 아니라면 대체 부인은 왜 상담에 왔을까. 짐작 가는 부분은 있었지만 혹시 하는 마음에 물었다.

"남편분에게 애착이 없으신 것 같은데 상담에는 왜 오셨을까요?"

"그게 보시는 대로 그렇게 슬프거나 힘들진 않아요. 그런데 사람들은 제가 힘들어야 한다고 생각하더라고요. 제가 담담해 보이니까 그러면 안 된다고 상담받아야 한다고 하도 성화를 해대서……."

"누가 그렇게 성화를 하던가요?"

"네?"

"혹시 만나는 분이 계신가요?"

"아, 네. 정말 저한테는 구세주 같은 사람이에요. 애들이랑 집 나와서 한동안 우울증을 심하게 앓았는데 그 사람 아니었으면 전 지금 이 자리에 없었을 거예요. 절 살려준 은인이죠."

"그런데요?"

"얼마 전에 딸애가 그 사람의 존재를 알았나 봐요. 남편이 술을 많이 마셔서 그렇지 멀쩡할 때는 애들한테 잘했어요. 딸애는 남편을 좋아하거든요. 전 아이들을 위해서 집을 나온 건데 딸애는 제가

바람이 나서 그런 건 줄 알고…….''

부인은 울먹이기 시작했다. 그간의 고생과 회한이 묻어나는 눈물이었다. 남편과 연락이 끊긴 상태가 계속되었다면 남편에 대한 마지막 기억은 '주정뱅이 폭군'이었을 것이고 부인이 남자친구와 새 출발을 하는 것도 그리 힘들지 않았을 것이다.

하지만 다시 만난 남편은 지난날을 후회하면서 '다시 잘해보자'고 했고 부인은 혼인 관계를 정리하지 않은 채 다른 사람을 만나는 것에 죄책감을 느꼈던 거다. 그래서 남자친구를 '구세주'라고 칭하면서 자신의 사랑을 숭고하다고 여겼다.

그런 와중에 남편이 사라졌으니 새 출발을 꿈꾸는 부인으로서는 후련할 수밖에 없는데 딸에게 '바람난 여자' 취급을 받으니 억울하기도 하고 한스럽기도 해서 부대끼는 것이었다.

"지금 원하는 게 뭔가요?"라고 물었더니 부인은 "지금 남자친구와 당당하게 새 인생을 살고 싶어요"라고 했다. 딸이 마음에 걸리지만 딸도 나이가 들면 언젠가 자신을 이해해줄 것이라 믿는다고 했다. 자신의 고생을 가장 가까이에서 지켜본 맏딸이기에 언젠가는 엄마의 진짜 행복을 이해해줄 거라고.

'남편과 사별한 아내'라는 생각만 하면서 부인의 이야기를 들었다면 부인이 상담을 받으러 온 진짜 이유를 몰랐을 거다. 부인 본인조차 상담에 온 이유를 몰랐으니까 말이다.

사람들은 보통 뭔가가 '부대껴서' 상담실에 온다. 첫 대면에서 "무슨 문제로 오셨나요?"라고 물으면 대부분 두루뭉술하게 이야기한다. 혹은 명확하게 얘기하더라도 그게 전부라고 생각해서는 안 된다. 처음 만나는 사람에게 단번에 보여줄 수 없는 내면 깊숙한 이야기가 있으니. 특히 이유를 알 수 없는 부대낌을 호소한다면 자신이 보여주고자 하는 모습 뒤쪽에 진짜 이유가 있을 가능성이 더 크다.

자신이 몰랐던 진짜 이유를 발견하고
마주하기 싫었던 그 모습도
나의 일부임을 알아차리면서
부대낌이 사라지고 치유가 시작된다

# 말할 수 없는
# 외로움

하온이는 열세 살, 학교 부적응 문제로 담임교사에게 상담을 권유받았다. 담임은 하온이가 수업 시간에 창밖만 멍하니 쳐다보고 있고 친구들과 잘 어울리지 않는다고 했다. 부모는 하온이가 외동이라서 숫기가 없고 소심해서 걱정이라며 우울증이 아닐까 의심했다.

하지만 단둘이 얘기를 나누어보니 하온이는 그냥 평범한 아이였다. 아니, 어떤 면에서는 비범했다.

"학교생활은 어때?"

"별로예요."

"왜 별로인데?"

"다 똑같은 걸 억지로 배우잖아요."

하온이는 누군가의 생각을 앵무새처럼 배우는 수업 방식이 싫다고 했다. 하온이는 창가 너머로 보이는 사람들과 운동장에 드리운 그림자가 변하는 것, 바람에 흔들리는 나뭇가지를 보면서 혼자 이것저것 상상하는 걸 좋아했다.

친구 관계는 어떠냐고 물으니 친한 애도 있고 아닌 애도 있는데 떡볶이 먹고 싶을 때 같이 가자고 말할 친구는 있다고 했다. 하온이에게 그 정도면 괜찮은 것 같다고 말해줬다.

하온이는 담임이나 부모의 걱정처럼 '부적응자'가 아니었다. 상상력이 풍부하고 독립적인 하온이를 주변에서 있는 그대로 보지 못한다는 게 문제였다. 부모나 선생님은 늘 하온이를 걱정했고 하온이는 그 점이 힘들었다.

정해진 공식을 외우는 것보다는 자기 생각을 말하는 게 좋고 운동장을 보면서 멍하게 있는 시간이 행복한데 그걸 인정해준 사람이 없었다. 수업 시간에 딴짓하고 혼자 시간을 보내는 하온이를 무조건 문제라고 낙인찍었으니 하온이는 자신의 속마음을 털어놓을 수 없어 외롭고 답답했던 거다.

하온이가 상담실을 나간 후 부모와 면담을 했다. 그리고 하온이가 말해도 된다고 허락해준 부분에 한해서 하온이에 대해 알게 된 몇 가지를 일러주었다. 하온이에게 부적응 징후가 보이지 않는다는 말과 함께.

부모는 안심하는 눈치였다. 그런데 마지막으로 덧붙이기를 "선생님, 하온이가 저희한테는 속마음을 얘기를 안 해요. 얘는 왜 말을 안 할까요? 저희한테 뭔가 문제가 있나요?"라고 물어왔다.

부모에게 속마음을 드러내지 않는 이유는 두 가지다. 첫째는 말해도 받아주지 않을 것 같아서, 둘째는 말할 기회를 주지 않아서다. ==부모의 걱정이 앞서면 아이는 입을 닫는다.== 평상시에 '공부 열심히 해야 한다. 친구들이랑도 잘 지내야 해'처럼 부모의 요구가 많으면 아이는 자기가 진짜 원하는 걸 숨긴다.

특히 하온이처럼 자기 생각이 명확한 아이는 자신의 행동을 책임지려는 마음도 강하기 때문에 '엄마 아빠는 널 믿는다'라는 메시지만 전달해두면 알아서 척척 잘해나간다.

부모에게 아이의 생각을 표현할 수 있도록 기회를 주는 게 최선이라 말해주었다. 먼저 도와주려 하지 말고 부모가 어떻게 도와줬으면 좋겠는지 하온이의 생각을 물어보라고. 부모가 하온이를 사랑하고 아끼는 만큼 하온이도 부모를 사랑하기에 실망시키고 싶지 않아서 마음을 숨기는 거라고. 그 마음이 궁금하면 걱정을 드러내지 말라고 조언해주었다.

부모와 면담을 마치고 마지막으로 하온이와 인사를 나누었다. 상담실에 들어설 때보다 한층 밝아진 얼굴로 인사하는 하온이를 보니 안심되었다. 상담이 끝나고 잠시 앉아 있는데 문득 하온이가 부러웠다. 내가 하온이 나이였을 때 누군가 내게 관심을 줬다면 어땠을까. 나를 있는 그대로 봐주는 어른이 한 명이라도 있었다면.

열일곱이었을 때 나야말로 부적응자였다. 누구에게도 마음을 터놓지 않았으니 아무도 몰랐을 거다. 학급 반장이면서 성적은 늘 상위권이었고 친구들과도 비교적 원만했지만 세상과 학교를 향한 시선은 삐딱했다. 학교도 싫었고 경쟁하는 것도 싫었다. 그런데도 정해진 틀을 벗어나는 게 두려워서 어른들이 시키는 대로 따랐다.
 그러던 어느 날 우리 반에 미정이라는 아이가 전학을 왔다. 미정이는 이전 학교에서 문제를 일으켜 '강제 전학'을 왔다. 선생님을 포함해서 다들 그 친구를 문제아로 대했다. 하지만 내 눈에 미정이는 특별했다. 반에서 유일하게, 그것도 당당하게 야간자율학습을 빠지는 아이였으니까.
 수업이 끝나고 밤 9시까지 학교에 남아서 공부하는 야간자율학습. 학교에 틀어박혀 공부하는 척 온갖 꼼수를 동원할 때 미정이는 카페에서 커피를 마시면서 헤르만 헤세의 《데미안》을 읽었다. 무의미한 입시 공부에 지쳐 있던 나와 달리 원하는 책을 찾아 읽는 미정이가 대단해 보였다. 교과서가 아닌 책을 읽는데도 선생님의 잔소리를 듣지 않는 미정이가 부러웠다.

'우등생' 딱지를 포기할 수 없었던 나는 어둑해지는 교실 창가를 보면서 미정이를 자주 떠올렸다. 어른들은 통제와 지시를 따르지 않는 미정이를 삐딱한 아이라고 여겼지만 사실 겉으로만 우등생이었던 내가 더 삐딱한 아이였던 거다.

정해진 틀을 벗어날 용기가 없어서 수동적으로 살아가는 내가 비겁하게 느껴졌다. 누구에게도 말할 수 없어 외로웠다. 그때 누구라도 내 마음을 물어봐줬다면 어땠을까. 괜찮으냐고, 잘 지내는 거 맞냐고. 아무도 해주지 않는 그 말을, 간절히 기다렸던 것 같다.

'나 안 괜찮아

괜찮아 보이는 거 그만하고 싶어'라고

그렇게 말하고 싶었다

# 스스로 '나'를
# 도울 수 있는 기회

상담실을 찾는 데는 여러 이유가 있지만 공통된 이유를 하나 꼽자면 '나를 알고 싶어서'다. 내 마음이 대체 왜 이런지 궁금하고 앞으로 어떻게 해야 할지 몰라서다. 그걸 풀어내는 소재가 다양할 뿐 결국 심리적 문제는 '미처 나를 몰라서 생긴 증상'이다.

그러니 해야 할 일은 '현재의 나'를 이해하고 그러기 위해 '과거의 나'를 받아들이고 '미래의 나'를 기대하는 것, 상담사라는 가이드를 두고 '베일에 싸인 나를 찾아 여행하는 것', 그것이 상담이다.

이게 뭔 뜬구름 같은 얘기냐 싶겠지만 '내가 왜 그런 생각이 들었고 어떤 연유로 그런 감정이 들었는지, 내 행동에 어떤 연결고리가 있는지 깨닫는 것'은 생각보다 많은 걸 해결해준다. 무의식 속에서 원하는 것을 알아내어 나와 화해하는 과정이랄까. 내게도 그런 경험이 있었다. 처음 상담을 하게 되었을 때.

스물일곱 여름이었다. 나는 앞날이 불투명한 이공계 대학원생이었고 아르바이트로 월 48만 원을 버는 변변치 않은 청춘이었다. 어느 날 인터넷에서 우연히 어느 상담사의 인터뷰 기사를 봤다. '상담이 무엇이냐'는 질문에 그는 '살아 있지만 죽은 사람을 살리는 일'이라고 했다. 몸은 살아 있으나 목적이나 의미 없이 살아가는 사람에게 생기를 불어넣어주는 일이라고, 때로는 진짜 사람을 살리기도 한다고 했다.

무슨 말인지 제대로 이해되지 않았지만 뭔가 대단해 보였다. 상담을 한번 받아봐야겠다고 마음먹었다. 알아보니 50분 상담에 십만 원, 이럴 수가. 대체 무슨 말을 해주는데 그렇게 비싸담. 매주 상담을 했다가는 번 돈을 다 쓰게 생겼고 그러면 교통비며 식비를 낼 돈이 부족했다. 형편을 생각하니 상담이 사치처럼 느껴졌고 그렇다고 마음을 접기에는 뭔가 아쉬웠다. 그래서 딱 한 번, 정말 딱 한 번만 해볼 생각으로 상담을 신청했다.

'그래, 경험 삼아 한번 해보자. 나를 위해 십만 원쯤이야.'

상담 날짜를 예약하고 당일에 지도 앱을 켜고선 낯선 장소를 더

듬더듬 찾아갔다. 어찌나 긴장했는지 위치추적을 하면서 따라갔는데도 길을 잃었다. 결국 약속 시간보다 10분 정도 늦고 말았다. 워낙 유명한 분이어서 시간을 못 지킨 내게 화를 내지 않을까 마음을 졸였다. 허둥지둥 자리에 앉아 거친 숨을 몰아쉬는데 선생님이 미지근한 물 한잔을 건네주면서 물었다.

"그래, 어떤 일로 오셨나요?"

예약 시간에 늦은 것 때문에 잔뜩 긴장해 있는데 나긋한 목소리를 들으니 마음이 금세 차분해졌다. 신기했다.

"아…… 제가 어떻게 살아야 할지 막막해서요. 원래 디자이너로 일을 했는데 이게 아닌 것 같아서 다시 심리학 전공으로 편입을 했어요. 근데 어쩌다 보니 이공계 대학원에 오게 됐고요. 근데 졸업 후에 어떻게 해야 되나 진로 고민도 되고 벌어놓은 돈도 없고 결혼은 할 수 있을까 싶고……."

무슨 말을 할지 미리 준비해두었는데 다 까먹고는 딴 얘기만 늘어놓았다. 말을 하는 중간중간 '내가 지금 무슨 말을 하는 거지?' 싶었다. 한번 말이 꼬이기 시작하니 생각도 정리되지 않고 시간은 흘러가고 자리는 점점 불편해졌다. 결국 상담 선생님은 내 말을 중간에 자르더니 가족 관계와 어린 시절에 대해 이런저런 질문을 했다. 몇 마디 안 했는데 선생님은 의미심장한 얼굴로 이렇게 말했다.

"부모님이 든든한 울타리가 되어주지 못해서 혼자 어떻게든 살아

남으려고 무던히 애를 썼네요. 그래서 시행착오도 많이 겪은 거고."

'만난 지 30분 정도밖에 안 됐는데 나에 대해 대체 뭘 안다고'라는 생각이 스쳤지만 눈에는 이미 그렁그렁 눈물이 고이기 시작했고 목구멍은 복숭아 씨앗을 삼킨 듯 아팠다. 이후 상담 시간이 어떻게 지났는지 잘 기억나지 않는다. 선생님의 말 한마디마다 폐부에 찔린 듯 아프면서도 누군가 날 알아준다는 게 반가웠다.

딱 한 번 경험 삼아 시작한 상담은 결국 8개월 동안 이어졌다. 선생님은 내 형편을 알고 상담료를 8만 원으로 정했다. 한층 성장할 수 있는 기회인데 돈 때문에 그만두지 말라는 의도인 듯했다.

8개월 동안 마냥 좋았던 것만은 아니었다. 상담 중에 때로는 선생님에게 화가 났고 때로는 투정도 부리고 싶었고 어떨 때는 '상담을 그만할까?' 저항이 들기도 했다. 한번은 선생님이 상담 중에 립스틱을 고쳐 바르는 걸 보고 '나를 무시하나?'라는 생각이 들었다. 평상시 나 같으면 그런 생각이 들었어도 그냥 속으로 삼켰을 것이다. '내가 괜한 얘기를 하는 건 아닐까? 그렇게 말했다가 서로 어색해지면 어쩌나' 그런 걱정을 많이 하는 편이다. 그런데 그때는 나도 모르게 욱해서 쏟아붙이듯이 말해버렸다.

"선생님, 지금 제 얘기 잘 안 들으시는 것 같아요!"

말하고 나서 0.000001초 후에 바로 '아차' 싶었다. '선생님이 기분 나쁘셨으면 어쩌지, 이제 날 싫어하시면 어쩌지' 하는 생각에 마음이 콩닥거렸다. 그런데 상담 선생님은 멋쩍게 웃으면서 말했다.

"그럴 리가요. 난 김 선생님한테 더 예쁘게 보이고 싶었을 뿐인데."

선생님이 화를 낼 줄 알았는데 농담으로 받는 걸 보면서 마음이 놓였다. 아니, 마음이 놓인 걸 넘어서 녹아내리는 기분이었다. 살면서 처음 경험하는 순간.

어릴 적 집안 형편이 좋지 않아 부모님은 늘 돈 걱정에 시달려야 했고 부부싸움도 잦았다. 그런 부모님에게 정서적으로 의지하기 힘들었다. 불만이 있어도 투정부리지 않고 꾹 참았고 힘들어도 내색을 못 했다. 그렇게 의젓하고 차분한 딸이 되었다.

나이보다 차분하다는 건 늘 칭찬받았고 그래서 더 철이 들었던 것 같다. 하지만 일찍 철이 든다는 건 가슴 아픈 일이다. 투정부리고 싶은 마음, 떼쓰고 싶은 마음, 응석부리고 싶은 마음은 내 마음 속에서 늘 무시당했다. 그런 마음을 꺼내 보이면 나와 가까운 사람들이 힘들어질 것이라 생각했다. 그들이 힘들어지면 내가 사랑받지 못할 거라 생각했던 것 같다.

상담을 하면서 어린 시절 부모와의 관계에서 충족되지 않은 부분이 채워지는 느낌을 받았다. 부모에게 그러하듯 의지했고 언니에게 그러하듯 툴툴댔다. 그렇게 자연스럽게 감정을 표현하고 그 감정이 부드럽게 수용되는 경험을 하면서 자신감이 차오르는 게 느껴졌다.

상대방 눈치를 보지 않고 그때그때 감정을 표현하니 후련했다. '이게 진짜 내 감정이구나' 싶었다.

상담 회기는 오래전에 끝났지만 아직도 힘든 순간이 올 때면 나의 첫 상담 선생님이 떠오른다.

'선생님은 지금 같은 상황일 때 뭐라고 말씀하실까?'

그렇게 선생님의 음성과 모습을 떠올리면서 지친 나를 다독이곤 한다. 부모님은 '두 분이 힘든 상황'에도 먹이고 입혀서 나를 키워주셨고 상담 선생님은 '내가 힘든 상황'일 때 포기하지 않고 버틸 수 있게 해주셨다. 스스로 '나'를 도울 수 있게 기회를 주셨다.

## 스물일곱
### 비로소 진짜 '나'와 마주하다

# 존재로서
# 살아 있는 경험

"선생님, 이 책이 꼭 저 같아요."

나영 씨는 상담실로 들어오면서 이미 울먹거리고 있었다. 내게 보여주려고 가져온 그림책 표지의 소녀 모습이 나영 씨와 겹쳐 보였다. 나영 씨가 책상 위에 슬며시 올려놓은 책은 《모르는 척 공주》라는 그림책. 이 책은 부모의 싸움 때문에 무섭고 두렵지만 '모르는 척' 감정을 숨긴 공주의 이야기다.

나영 씨와는 오래전부터 알던 사이다. 8년 전, 내가 대학 상담센터에서 근무할 때 상담받으러 온 내담자였다. 나영 씨는 서른이 다 되어서 신학을 전공하겠다며 대학에 입학한 새내기였고 나이 어린 동기들과 어울리는 걸 어려워했다. 학교를 그만둬야 하나 고민도 했다.

다행히 나영 씨는 상담을 받으면서 조금씩 학교생활에 적응했고 어린 동기들과 자연스럽게 술자리를 갖기도 했다. 정해진 상담 회기가 끝나고도 간간이 서로 소식을 물었다. 한동안 연락이 끊겨서 소식이 궁금하던 차였는데 어느 날 갑자기 상담을 하고 싶다면서 찾아왔다.

나영 씨는 신학대학을 졸업한 후 한 목회자와 결혼했고 함께 선교 활동을 해왔다. 가장 낮은 곳에서 하나님의 사랑을 실천하고자 빈민가 근처에 교회를 세웠다. 교회가 정착할 때까지는 교인들의 요구를 무리해서라도 들어줘야 한다고 생각했다. 때론 보람을 느꼈지만 대부분은 힘에 부쳤다. 교회 사정이 어려우니 교인들이 이탈하지 않도록 붙들어두어야 한다는 생각에 속이 말이 아니었다.

"사람들의 어떤 요구가 제일 힘들던가요?"

"무료 급식 시간이 지났는데 오는 분들이 있어요. 그래도 웃으면서 차려드려요. 그런데도 아쉬운 소리를 한다니까요. 이러쿵저러쿵 얼마나 말들이 많은지. 근데 앞에서는 안 해요. 밖에서 하죠. 제 앞에서는 독실한 교인인 척. 사실 그 정도는 힘들긴 해도 기도하면서 이겨내죠. '저들을 굽어 살펴주소서' 하면서요. 근데 정말 못 견디겠는 건요, 사람들이 힘든 얘기를 다 저한테 늘어놔요. 그 사람들이 제 앞에서 아니면 어디서 그런 얘기를 하겠냐 싶어서 그냥 들어주는데 속이 부글부글 끓어요. 속에서 뭔가 시뻘건 게 올라오는 것 같아요. 내가 사모인데 목회자가 돼서 사람들이 힘든 얘기를 하는 걸 진저리 친다는 게, 어디 가서 말도 못 하겠고…….'

'교회를 신실하게 섬기는 상냥한 목회자'인 자신이 정작 마음속으로 사람들을 미워하는 죄를 범하는 것 같아 괴롭다고 했다. 분노를 느끼는 건 인간다움의 민낯 아니냐고 되묻자 나영 씨는 말했다.

"그게 잘 안 돼요, 선생님. 화가 나는데, 화가 나는 게 맞는데, 그러면 안 될 것 같은 거예요. 선생님도 아시잖아요. 제가 이 책에 나오는 공주 같다는 거. 그래도 이 동화에서는 마지막에 부모님이 싸움을 멈추고 달려오는데 전 아니었잖아요. 저희 부모님은 절 버렸잖아요."

나영 씨의 부모님은 서로 사이가 안 좋았다. 두 분이 어떤 이유로 사이가 안 좋았는지 나영 씨는 구체적으로 기억하지 못했다. 돈 문제로 다툰 건지 친척들 간의 불화인지 외도 때문인지 나영 씨는 그에 대해 아는 게 없었다.

그저 우리가 아는 건 부모님이 싸우는 날이면 심장이 요동쳤고 그 두려움에서 벗어나려고 나영 씨가 안간힘을 썼다는 것뿐이다. 나영 씨는 비명과 함께 물건이 부서지는 소리가 들리면 떨리는 손으로 라디오 볼륨을 높였다. 안 보고 안 듣고 싶어 했다. 그리고 다음 날이면 아무 일도 없는 척 식탁에 앉아 밥을 먹었다. 부모님의 눈치를 살피느라 온 신경을 곤두세우면서.

하지만 아무 일도 없지 않다는 걸 잘 알고 있었다. 부모님이 싸울 때마다 두 분이 헤어지는 건 아닐까, 그럼 나는 누구랑 살아야 하나, 부모님 둘 다 날 버리면 어떡하지, 이런 걱정과 두려움으로 몸이 떨릴 지경이었다. 극심한 불안감에 입술이 파르르 떨릴 때면 입술에 힘을 더 꽉 줘서 무서움을 견뎌냈다. 그렇게 아무 일도 없었던 것처럼 지냈다.

나영 씨는 부모님의 말을 잘 듣는 딸이었고 학교에서는 조용한 모범생이었다. 그 흔한 말대꾸 없이 사춘기를 보냈다. 하지만 부모님은 나영 씨가 대학 기숙사에 들어가자 기다렸다는 듯이 이혼을 했다. 나영 씨는 그걸 '버려졌다'라고 인식했다. 그리고 부모님에게 버림받은 자신을 '부족한 사람'이라고 여기게 되었다.

스스로 부족하다고 느끼다 보니 점점 더 소극적으로 변해갔다. 사람들과 갈등이 생기면 늘 져주고 참았다. 화가 나거나 억울한 일을 당해도 부족한 자신 때문이라 생각했다. 살면서 느끼는 소소한 기쁨, 희열, 성취감, 만족감이 사라졌다. 매사에 성실하고 착실했기에 학교 성적도 뛰어났고 주변 평판도 좋았지만 나영 씨는 별로 기쁘지 않았다. 뭘 해도 자신은 부족하다는 생각이 컸기 때문이다.

나영 씨에게는 그때그때의 감정을 솔직하게 드러낼 수 있는 게 중요했다. 그게 기쁨이든 슬픔이든 분노든 솔직하게 표출할 수 있는 경험이 필요했다. 그리고 그런 경험이 살아가면서 꾸준히 이어져야 했다. 감정을 드러내는 것, 그 자체가 '존재로서 살아 있는 경험'이므로.

그런 면에서 목회 활동은 나영 씨에게 매우 버거웠을 것이다. 목회자는 삶의 몸부림을 보듬어야 하는 숙명을 지닌 사람이다. 다른 사람들의 고통을 보고 견디려면 우선 자신의 고통을 꺼내놓고 들여다봐야 한다. 그래야 다른 사람의 것과 자신의 것이 섞이지 않고 무언가에 부대끼지 않을 수 있다.

다시 찾아온 나영 씨가 참 반가웠다. 8년 전의 나영 씨였으면 속에서 끓어오르는 것이 있어도 그냥 지나치고 넘어갔을 텐데 그 혼란을 궁금해하고 해결하기 위해 상담을 청한 나영 씨가 반가웠다. 아이의 울음소리를 듣고 한걸음에 달려온 부모가 싸움을 멈추었고 그제야 아이들은 평온한 꿈을 꾸었다는 동화 속 결말처럼 나영 씨 마음속에서 요동치는 감정이 있는 그대로 스며 나와 편안함에 이르기를 바란다.

더 이상 모르는 척

감정을 숨기지 말고

　　가려져 있던 다양한 감정을

　　하나씩 펼쳐내 보이길

## 쉬었다 가도 되나?

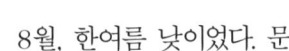
8월, 한여름 낮이었다. 문이 살짝 열리더니 한 어르신이 상담센터로 들어왔다. "어르신, 어떻게 오셨어요?"라는 나의 말에 뭐라 웅얼웅얼하더니 느릿느릿 걸어서 대기실 소파에 앉았다.

벌건 얼굴에 땀이 맺혀 있었다. 밖이 너무 더워 그런가 싶어 미지근한 물을 한잔 드렸다. 어르신은 잠시 숨을 고르더니 "쉬었다 가도 되나?"라고 물었다. "얼마든지요. 밖이 꽤 덥죠? 잠시 계시면 열이 식을 거예요"라고 말하고 돌아서는데 어르신이 갑자기 손수건으로 눈물을 훔쳤다. 들어올 때부터 손수건을 꾹 쥐고 있는 것이, 밖에서부터 계속 울고 있었던 듯했다.

어머니가 돌아가셨다고. 지병이 있었는데 결국 가버렸다고. 어르신은 한참을 꺼이꺼이 목 놓아 울었다. 어찌나 격하게 우는지 구체적인 사정을 여쭙지도 못했다. 그저 휴지를 가까이 놓아드리고 몸을 휘청이다 소파에서 미끄러지지 않도록 살피는 것밖에는.

한참을 울고 나서야 정신을 차리고 멋쩍은 표정으로 말했다.

"그냥 지나가다가 들렀어. 요 앞이 시장이잖여. 거기 갔다가 요렇게 돌아 나오는데 '심리상담센터' 이렇게 써 있잖여. 여긴 보건손디 무슨 심리상담이냐 해서 한번 와봤지."

어르신께 "이제 길도 아셨으니 다음 주 이 시간에 한 번 더 오세요"라고 했다. 그때는 상담실에서 오붓하게 얘기할 수 있다고. 미지근한 옥수수 차도 준비해놓을 테니 꼭 오시라고 전했다. 잊어버릴까 싶어 메모지에 '상담 날짜, 시간, 장소'를 큼지막하게 써서 드렸다. 집에 가자마자 냉장고에 붙여두라고 하면서.


어르신의 이름은 김순자, 첫 시간에 "제가 뭐라고 불러드릴까요?" 하니 '순자 씨'라고 불러 달라 했다. 순자 씨는 60대 후반, 상담사는 30대 후반, 나이와 상관없는 호칭으로 부를 수 있는 건 상담이기에 가능한 일이다. 나는 어르신을 '순자 씨'라고 불렀고, 순자 씨는 나를 '선생님'이라고 불렀다.

순자 씨의 어머니는 몇 년 전부터 요양원에 있었다. 큰오빠와 작은 오빠가 번갈아서 어머니를 모셨지만 고부갈등이 심해지자 오빠들은 어머니를 부담스러워했다. 막내인 순자 씨는 어머니를 집에 모시고 싶었지만 형편이 여의치 않았다. 남편의 사업 실패로 가세가 기울어 반지하에 월세로 살고 있었고 먹고 살기도 빠듯했다. 결국 어머니는 요양원으로 갔다. 집에서 요양원까지 버스로 왕복 세 시간, 시간이 날 때마다 틈틈이 요양원을 찾았다. 지병이 심해지면서 치료를 위해 요양병원으로 옮겨야 했을 때도 순자 씨가 보호자로 나섰다.

어머니가 돌아가신 후 장례를 치르고 사망신고를 하고 어머니의 짐을 모두 집으로 가져왔다. 남편은 좁아터진 집에 짐을 왜 가져오냐며 화를 냈지만 순자 씨는 하나도 버릴 수가 없었다. 어머니의 옷가지며 수저 세트, 앨범, 묵주함, 반찬통, 자잘한 짐이 한가득했다.

순자 씨는 방 한구석에 어머니의 유품을 산처럼 쌓아놓고 밤마다 하나하나 쓰다듬으면서 서럽게 울었다. 처음에는 남편도 형제들도 순자 씨를 그냥 내버려두었다. 시간이 지나면 나아지겠지 하면서. 몇 달이 지나도 순자 씨의 곡소리가 끝나지 않자 주변에서도 혀를 끌끌 차면서 이제 그만하라고 했다.

순자 씨에게 어머니는 어떤 의미였을까. 그렇게 울 때마다 무슨 생각이 들었을까. 유품을 정리하지 못하는 건 어떤 마음일까.

어머니가 돌아가신 지 몇 달이 지났고 이제는 그만 울어도 되련만 그게 잘 안 된다고 했다. 어머니 물건이 계속 눈에 밟히니까 눈물이 나는 건지 아니면 그거라도 있으니까 정신을 차리고 버티는 건지. 집도 비좁고 남편도 싫어하니 ==이제는 유품을 정리해야 하는데 그게 어머니를 버리는 것 같아서 차마 못 하겠다고 했다.==

없는 집안에서 태어나 가난한 남편과 가정을 꾸리고 평생 자식 뒷바라지를 한 어머니. 순자 씨는 어머니가 불쌍했다. 남들 다 가는 해외여행도 못 가고 하다못해 꽃놀이 한번 제대로 못 가본 어머니가 안쓰러웠다.

"무슨 부귀영화를 누릴려고 그 고생을 하신 건지, 평생 허리 한 번 못 펴고 식당일에 남의 집 살림에……. 내가 그 팔자를 닮아서 요러고 있는데 말여."

어머니를 떠올리면 자신이 겹쳐 보였다. 어머니처럼 없는 집안에서 태어나 가난한 남편을 만나 돈 때문에 허덕이며 살고 있는 자신의 모습을 봤던 것이다. 어머니를 향한 슬픔인지 자기를 향한 연민인지 구별이 안 될 정도로.

늙고 병든 어머니를 자식 중 누구도 모시지 않고 요양원으로 보낸 것을 가장 마음 아파했다. 본인 잘못이 아니었지만 순자 씨는 끝없이 자책했다. 어머니를 요양원에 버린 거라고 여겼다. 자신도 언젠가 자식들에게 그런 취급을 받게 될까 두려워하면서.

어머니에게 하고 싶은 말이 있는지 물었다. 순자 씨는 "보고 싶네요"라고 했다. 사무치게 보고 싶다고. 한 번만이라도 보고 싶다고.

그 말을 어머니가 들으면 뭐라고 할 것 같은지 물었다. 어머니는 아무 말 없이 등을 토닥여줄 거라 했다. 눈을 감고 어머니가 등을 쓰다듬어주는 걸 상상해보자 했다. 토닥토닥. 어머니의 감촉이 느껴졌는지 순자 씨는 조용히 눈물을 흘렸다.

순자 씨와 여섯 번째 만났을 때 유품을 정리하려 한다는 말을 들었다. 사진 액자와 카디건 한 벌만 두고 나머지는 화장하기로 했다. 그리고 묵주함 하나를 내게 건넸다.
"상담도 공짜로 해주는디 내가 줄 것도 없고, 천주교라 한 것 같아서…… 그래서 갖고 왔지."
알록달록 한복을 입은 여인들이 그려져 있는 손바닥만한 묵주함이었다. 칠한 부분이 군데군데 벗겨져 있고 여닫는 부위가 녹이 슬어 '삐익' 소리가 났다. 인사동 골동품점에 있을 법한 낡은 묵주함.
순자 씨는 내게 뭐라도 주고 싶었던 것 같다. 고마운 마음을 어떻게든 표현하고 싶은 정, 자신에게 소중한 무언가를 나누고 싶은 마음, 그 진심을 전해 받으니 뭉클했다.
유품에는 그 사람의 삶이 깃들어 있으니 고인이 살아생전 들여다보고 만지작거리던 마음까지 배어 있겠지. 그 마음 하나하나를 떠올리고 어머니와의 추억을 되새기며 그렇게 연결고리를 만들어간다고 생각한다. 어머니는 돌아가셨지만 계속 연결되어 있다는 믿음으로.

더불어 유품을 정리하면서

자신의 생에 대한 연민과 서글픔도

조금은 녹아내렸기를 바라본다

# 좋은 이웃이자
# 친구

58세 미자 씨는 구청 인권센터에서 소개를 받아 상담센터에 오게 되었다. 인권센터 담당자는 지역사회협의체 '특별관리사례'라면서 잘 부탁한다고 했다. 간호사, 물리치료사, 사회복지사 등 전문가들이 모인 지역사회협의체는 복합적인 지원이 필요한 경우 특별관리사례로 두고 여러 자원을 모으는 역할을 한다.

 인권센터 담당자에게 받은 의뢰서를 읽어보는데 생각이 복잡했다. 남편과 아들은 지적장애 2급, 시어머니의 정서적·경제적 학대, 절도전과, 경계선지능, 만성우울 진단으로 5년간 약물치료, 치료 임의중단.

상담은 결국 자신이 이미 가지고 있는 심리자원으로 변화를 만들어가는 건데 그게 가능할까 싶었다. 인간으로서 최소한의 권리를 지킬 수 있도록 지켜봐줄 전담 복지사가 필요한 것 아닐까, 과연 이분에게 상담이 무슨 도움이 될까.

상담 첫날, 미자 씨는 목이 늘어난 검정 티셔츠를 입고 땀을 뻘뻘 흘리면서 상담실에 나타났다. 살을 뺄 겸, 집에서 두 정거장 거리를 걸어왔다고 했다. 그런데 어기적어기적 걷는 모습이 뭔가 불편해 보였다. 무릎관절에 철심을 박아놓아 그렇다 했다. 불편한 다리로 40분을 걸어서 왔다는 걸 어떻게 받아들여야 하나. 돈을 아끼려고 그랬을까, 진짜 살을 빼려고 그랬을까, 버스 타는 걸 무서워하나, 집으로 찾아가서 상담해야 했나.

미자 씨는 가장 최근에 받은 심리검사에서 지능 점수 72점 내외인 경계선지능이었다. 구체적인 검사 결과를 확인하지는 못했지만 상황 판단력이 낮을 수 있겠다는 생각이 들었다.

미자 씨에게 물었다. 지금 제일 바라는 게 뭐냐고. 미자 씨는 살을 빼고 싶다고 했다. 왜냐고 물으니 시어머니가 제일 구박하는 게 그 때문이란다.

"어머님이 집에 올 때마다 남편 밥이나 제대로 해주느냐고 쌀통을 확인해요."

미자 씨는 고도비만이고 남편은 마른 편이었다. 밥을 반공기만 먹어도 미자 씨는 점점 쪘고 밥을 두 그릇씩 먹어도 남편은 점점 말라갔다. 그게 가장 스트레스여서 살을 빼야 하는데 무릎관절이 성치 않아 운동을 못 한다고. 살 빼는 약을 사려고 했는데 시어머니가 남편 수당을 몽땅 가져가서 돈이 없다고 하소연했다. 게다가 시어머니한테 속아서 결혼했다며 분통을 터뜨렸다.

열아홉에 봉제공장에 취업했다가 돈을 훔쳤다는 누명을 쓴 미자 씨는 공장에서 쫓겨나서 갈 데가 없었다. 유일하게 품어준 곳이 교회였는데 교회 전도사가 미자 씨를 집에 데리고 가서 밥도 해주고 옷도 사줬다. 그러다 결국 전도사의 아들과 결혼까지 하게 된 것이다. 그 아들이 밥벌이도 못하는 팔푼이인 줄도 모르고.

게다가 아들을 낳았는데 다섯 살이 될 때까지 말을 하지 못해 병원에 데려가니 발달장애라고 했단다. 결국 자신은 시어머니에게 속아서 남편과 아들에게 발목 잡혀 살고 있다고, 억울하고 원통해서 살 수가 없다고 했다.

미자 씨 말이 어디까지 사실인지 확인할 길은 없었지만 확실한 것은 미자 씨와 남편, 아들의 실질적 보호자는 시어머니였다. 남편은 구청에서 제공하는 공공일자리 지원을 받아 월 120만 원, 장애수당 월 80만 원 가량을 받았는데 그 돈을 모두 시어머니 통장으로 보냈다.

미자 씨는 시장에서 콩나물 한 줌을 살 때도 시어머니에게 돈을 타야 했다. "그게 말이 돼요? 어머님 돈도 아니고 제 남편 건데"라고 미자 씨는 분통을 터뜨렸지만 시어머니에게 대적하지 못했다. 이미 오랫동안 정서적, 신체적 학대를 당해와서 무력감에 짓눌려 정당한 주장을 펼치지 못했다.

인권센터 담당자에게 들은 바로는 미자 씨가 돈을 헤프게 써서 어쩔 수 없이 시어머니가 돈 관리를 하는 거라고 했다. 실제로 미자 씨는 남편 몰래 백만 원이 넘는 다이어트 약을 구매한 적이 있었다.

미자 씨는 상담하러 와서 주로 인생 한탄을 했다. 낳자마자 보육원에 버려졌고 열 살이 되어서야 친부모를 만났는데 친오빠에게 성폭행을 당했다. 열아홉에 집을 뛰쳐 나와 봉제공장에 들어갔는데 도둑으로 몰려서 감옥에 갔다 오고, 교회 전도사에게 속아서 장애가 있는 남편을 만나 발달장애 아들을 낳았다.

"선생님, 저는 콩나물 한 줌 마음대로 못 사요. 이런 제가 병신이 아니면 뭔가요?"라고 미자 씨는 한탄했다.

미자 씨 인생은 참으로 기구했다. 들으면 들을수록 '어쩜 이러냐. 미치지 않고 산 게 다행이다' 싶었다. 미자 씨는 자신의 처지를 구구절절 읊으면서 분개했다. 자신을 버린 부모, 성폭행한 오빠, 도둑 누명을 씌운 사장, 사기꾼 시어머니, 팔푼이 남편, 짐만 되는 아들,

태어나지 말았어야 할 나.

하지만 억울해하고 한탄할 뿐 앞으로 어떻게 살겠다는 의지를 품으려 하지 않았다. 그 점이 안쓰러웠다. 자신을 피해자로만 보는 미자 씨는 '수동적인 삶'에 익숙해 보였다.

부당함을 따지고 바로잡으려면 스스로 당당해져야 하는데 미자 씨는 그걸 어려워했다. 특히나 태어났을 때부터 부모에게 버려진 기억은 미자 씨를 계속 아프게 했다. 굴곡진 인생을 이야기할 때면 불현듯 떠오르는 생각이 미자 씨의 발목을 잡았다. 자신을 낳은 부모에게서 환영받지 못했다는 생각, 태어나지 말았어야 했다는 생각.

어떤 식으로든 그걸 딛고 일어서야 부당함에 맞설 최소한의 '이유'가 만들어질 것 같았다.

'누군가에 의해 태어났지만 태어난 이상 그래도 내 인생은 내가 만들어가야지. 계속 이렇게 살면 너무 억울하잖아. 누군가한테 착취당하지 않으려면 내가 정신 똑바로 차려야 돼.'

이런 각오와 결기.

안타깝게도 상담이 마무리될 때까지 미자 씨의 당당해진 모습은 보지 못했다. 상담을 여섯 번 남짓 했을 때 미자 씨가 상담에 자꾸 빠지기에 "상담이 별로 마음에 안 들었나요?" 물으니 "그건 아니고 살을 뺄 다른 방법이 생겼어요. 1주일 만에 살이 3킬로그램이나 빠진 거 있죠"라는 대답이 돌아왔다.

인근에 새로 개업한 안마의자방이 있는데 거기에 누워만 있으면 고주파로 체지방을 분해해줘서 살이 빠진단다. 지인들을 몇 명 데려가면 자기는 공짜로 해주기로 했다면서 무릎도 아픈데 상담실까지 힘들게 걸어오는 것보다 안마의자에 편하게 누워서 살을 빼는 게 낫겠다는 것이었다. 집에서 상담실까지 걸어서 40분, 한여름에도 땀을 뻘뻘 흘리면서 상담실까지 걸어온 이유는 정말로 살을 빼기 위해서였다.

상담이 미자 씨에게 조금이라도 도움이 됐을까. 고주파 지방분해 안마의자에 밀린 상담. 상담 과정을 되짚으면서 '혹시 내가 놓친 게 있나?' 반성하기도 하고 '현재 임상 수준에서 개입할 수 있는 부분이 그리 많지 않다'라고 스스로 다독이기도 했다.

미자 씨 상담을 의뢰했던 인권센터 담당자에게 상담이 종결된 전후 사정을 알렸다. 그러자 그는 이렇게 말했다. 미자 씨에게 친구가 되어줘서 고맙다고. 자기도 미자 씨를 도우면서 안타깝기도 하고 답답하기도 했지만 그저 미자 씨가 자신을 '좋은 이웃이자 친구'로 여겨줬으면 하는 마음으로 대한다고. 그것도 맞다 싶었다.

동등한 관계에서 정을 쌓아가는 이웃

그런 친구가 많아지고

관계에서 동등한 존중을 받는

기회가 많아지면

언젠가 스스로

당당하게 설 수 있을 것이다

# 나를 지키는
# 최소한의 방어

내향성 발톱인 사람은 발톱을 일자로 각지게 자른다. 양옆 모서리가 날카로워서 가끔 옆 사람을 할퀴기도 하고 자신이 상처를 입기도 한다. 발톱을 둥글게 자르면 되지 않나 싶지만 남모를 고통이 있다. 발톱이 자랄수록 살 속으로 파고 들어가기 때문에 걸을 때마다 아프다. 발톱 양 끝을 각지게 자르는 것은 누군가를 상처 입히려는 게 아니라 스스로 할 수 있는 최소한의 방어라서 그렇다.

심리적 고통은 내향성 발톱과 닮았다. 양말을 벗지 않으면 발톱 사정을 모르듯이 속 이야기를 드러내지 않으면 남들은 사정을 모른다. 그저 혼자 고통받을 뿐. 살을 파고 들어가는 고통을 줄이려고 일부러 발톱을 각지게 자르는 건데 그러다가 그 발톱에 베이기도 하고 찔리기도 한다. 나를 지키기 위한 '최소한의 방어'가 때로는 남들에게 의도치 않은 고통을 주고 결국 나를 상처 입힌다.

35세 미나 씨는 사람들이 자꾸 자신을 괴롭힌다며 상담실에 찾아왔다. 첫 시간에 미나 씨는 자신이 얼마나 억울한지 구구절절 늘어놓았다. 남편도 친정 식구도 직장동료도 심지어 처음 만난 사람도 자신을 괴롭힌다는 것이다.

어제는 마트에서 파를 사다가 싸움이 났다. 점원에게 "파 한 단은 너무 많은데 절반만 사면 안 되나요?"라고 묻자 점원은 "한 단에 2천 5백 원인데 그냥 사요. 어제는 3천 원이었는데 그나마 내린 거예요" 하고 말했다. 미나 씨는 대뜸 직원에게 욕을 하기 시작했다.

"아, 시발. 비싼 게 아니라 양이 많다고! 내 말 못 알아들었어? 에잇, 재수가 없으려니까."

대번에 눈이 돌아가 점원과 싸운 미나 씨는 결국 마트에서 쫓겨났다.

한 달 전에는 직장에서 퇴사를 당했다. 미나 씨는 작은 사무실에서 직원들의 경비를 처리하는 일을 했다. 업무 속도가 느려 경비 처리가 늦어지자 사장은 미나 씨에게 빨리 하라고 지적했고 변명을 늘어놓다가 싸움으로 번져 결국 회사를 그만두게 되었다. 미나 씨가 회사를 그만둘 때 다들 '그래, 너 언젠가는 잘릴 줄 알았다'라는 눈빛이었다며 다들 자신을 싫어한다고 했다.

참 이상했다. 억울해하는 건 미나 씨인데 이야기를 듣는 내내 미나 씨보다는 주변 사람들의 고충이 먼저 느껴졌다. 대뜸 욕하고 무례하게 소리치니 마트 직원은 얼마나 황당했을까. 회사에 피해가 되는 건 생각 못 하고 지적받았다고 화만 내니 동료들은 얼마나 골치 아팠을까.

하지만 미나 씨는 그저 억울할 뿐이었다. 다른 사람의 입장을 헤아리지 못했고 작은 일에도 파르르 떨며 부당함을 느꼈다. 기분이 쉽게 나빠지고 감정이 주체가 안 되었다. '시발, 시발' 습관처럼 욕을 하는 것도 오해를 사겠다 싶었다.

첫 면담을 마치고 미나 씨에게 심리검사를 권했다. 미나 씨는 심리검사를 싫어했다. 이전에 병원에서 여러 검사를 했는데 망상장애라고 했다가 조울증이라고 했다가 진단이 계속 오락가락했다고 한다.

상담센터에서 하는 심리검사는 진단을 위한 게 아니라 지금 상황을 이해하기 위한 거라고 일러주었다. 보통 내담자가 호소하는 부분과 상담사가 느끼는 본질적인 문제가 다를 때 객관적인 평가를 위해 심리검사를 권한다.

검사 방법에 대해 안내를 하려는데 마침 대기실 전화가 울렸다. 대신 전화를 받아줄 사람이 없는 상황이어서 미나 씨에게 양해를 구하고 달려가서 전화를 받았다. 통화를 마치고 다시 검사실로 돌아왔는데 미나 씨 표정이 완전히 굳어 있었다. 미나 씨가 갑자기 검사지를 던지면서 화를 냈다.

"지금 나 무시해? 니가 상담사야? 공공기관이라서 믿고 왔는데 니가 남을 상담할 자격이 있어?"

미나 씨는 자신을 검사실에 혼자 두고 전화를 받으러 갔다고 악을 썼다.

응급 상황일 수도 있기 때문에 센터에 걸려온 전화는 꼭 받아야 하는데 대신 받아줄 사람이 없어서 그랬다고 설명했지만 미나 씨는 들을 생각을 안 했다. 오히려 상황을 설명할수록 더 크게 화를 냈다. 욕설을 퍼부으면서 몸을 부들부들 떨기까지 했다.

처음 만난 날, 아직 미나 씨 속사정이 어떤지 모르는 상태에서 욕을 듣고 있으려니 심장이 벌렁거렸다. '이 상황이 그렇게 화를 낼 일인가?' 황당하기만 했고 어떠한 설명도 들으려 하지 않는 게 억울했다. 미나 씨 일상에서 이런 일이 비일비재하다면 마음속이 전쟁터겠다 싶었다.

격앙된 미나 씨를 진정시키기 위해 여러 가지 시도를 했다. 속상했겠다고 공감해주고 지금 필요한 게 뭐냐 묻기도 하고 진정되면 다시 얘기하자고 잠시 침묵하기도 했다.

그중에서 가장 효과가 좋았던 건 "제가 부족해서 그래요" 하고 실수를 인정하고 사과했던 거다. 사실 진정성 있는 사과는 아니었고 그저 미나 씨를 달래려고 꺼낸 말이었는데 이게 효과가 있었다. 비굴할 정도로 납작 엎드려서 사과하자 미나 씨는 그제야 진정이 됐다. '진짜 화났지만 한 번 봐줄게'라는 듯이 눈을 내리깔고 목소리를 낮췄다.

누군가에게 무시당하는 것, 소외되는 것, 미나 씨는 그런 게 두려웠던 걸까. 그래서 조금이라도 소홀한 대접을 받으면 있는 힘껏 앙칼지게 덤비는 걸까. ==폭발적인 분노는 '스스로를 지키려는 방어' 같지만 다른 사람에게 상처를 주게 되고 결국 자신에게도 독이 된다.== 사람들이 정말로 미나 씨를 싫어하게 될 테니까.

미나 씨는 살면서 한 번도 힘을 가져본 적이 없었다. 체구가 작은 여성이었고 집안 형편은 어려웠으며 부모는 일찍 이혼했다. 갈 곳이 없었던 미나 씨는 외할머니에게 맡겨졌는데 외할머니마저 미나 씨를 번거로워했다. 정붙일 곳이 없어 늘 외로웠고 혼자 남겨지는 게 두려웠다.

그때부터 사람을 경계했다. 가까워지면 '초라한 나'를 들킬까 봐 무서웠고 멀어지면 혼자 남겨질까 봐 두려웠다. 그러는 사이 사람들과의 교류는 줄어들었고 점점 자기만의 세계로 빠져들었다.

무슨 일이든 자기 마음대로 해석했는데 대부분 자신을 무시하고 깔본다고 생각했다. 그때마다 부당한 대우에 저항하기 위해 욕을 하고 발악을 하면서 상대를 굴복시키려 했다. 하지만 그럴수록 상대는 미나 씨를 더욱 멀리했을 거다. '저런 미친년은 피하는 게 맞지'라고 생각하면서.

첫 면담이 끝나고 미나 씨가 상담실을 나섰을 때 다음 회기에는 안 올 줄 알았다. 건강가정지원센터나 복지관처럼 다른 상담기관에 찾아가 내 얘기를 늘어놓으면서 욕을 할 거라 생각했다.

하지만 예상과 달리 미나 씨는 다음 상담 시간에 나타났다. 나를 포함해서 보건소 모든 직원들이 긴장했다. 출장을 가려던 직원들이 일부러 시간을 조정해서 미나 씨가 상담하는 날에 대기실을 지켰다.

우리는 여섯 번을 만나기로 합의했다. 미나 씨가 호소했던 문제 그대로, 사람들이 자신을 덜 괴롭히는 방법을 찾는 게 목표였다. 그 목표를 이루려면 관계에서 자신이 어떤 영향을 미치는지 알아야 한다. 또한 상대의 반응이 정말 부당한 것인지 의심해보아야 한다. 내가 미친 영향과 상대가 보인 반응, 관계의 평풍을 이해하고 유연해져야 괴로움을 덜 수 있게 된다.

하지만 미나 씨에게는 강요하기 어려운 해법이다. 마음 저 깊은 곳에 '나는 쓸모없는 사람이야. 그러니까 사람들이 무시하고 버리지'라는 신념이 자리하는 사람은 매사 '누가 나를 무시하나' 벼른다. 빌미가 생기면 미나 씨는 그걸 '사람들이 나를 괴롭힌다'라고 해석했다. 그래서 자신이 화를 내는 건 정당하다고 여겼다.

==상대방이 자신을 매번 무시하는지 확인하기 위해서는 자신의 신념을 의심해야 한다. '나는 늘 무시당하는 사람이야'라는 생각에서 '나도 가끔은 존중받잖아. 혹시 내가 괜찮은 사람이 아닐까?'라는 생각으로 바꾸어보아야 한다.== 정말 그런지 확인도 해보면서.

'어쩌면 나도 조금은 괜찮은 사람이지 않을까?' 하는 의심을 하게 하는 것, 내가 정한 목표는 그거였다. 미나 씨와 매주 만나서 마음이 안녕한지를 묻고 어떤 부분이 불편했는지 그래서 어떻게 했는지를 묵묵히 들어주었다. 미나 씨가 화를 내고 발악을 해도 다음 시간에 또 만나자고 얘기를 건넸고 미나 씨에게 상담사와의 괜찮았던 경험 하나를 남겨주기 위해 노력했다. 그 경험을 통해 자신을 스스로 보살피려는 시도를 계속 해보았으면 좋겠다고 생각했다.

미나 씨에게 상담이 그런 경험이었을까. 미나 씨는 내게 어떤 마음도 직접적으로 표현하지 않았다. 다만 마지막 상담을 한 날, 동료들과 점심을 먹으려고 센터 건물 밖으로 나갔는데 미나 씨가 집에 가지 않고 서 있는 걸 봤다. 미나 씨에게 "아직 집에 안 갔어요?"라고 물었더니 나한테 할 말이 있다고 해서 잠시 동안 함께 길을 걸었다.

"그동안 고마웠어요."

미나 씨는 내 얼굴을 쳐다보지도 않고 말했다. 나를 보진 않았지만 초롱초롱 빛나는 눈으로 사랑 고백을 받은 것처럼 가슴이 뭉클했다.

여섯 번의 짧은 만남이었지만

우리가 연결되어 있었구나

그런 안도감이 들었다

# 관계가
# 이어진다는 것

관계. 누군가를 이해하려면 먼저 그를 둘러싼 관계를 살펴야 한다. 좋든 싫든 우리는 관계 속에서 살아가니까. 태어나면서부터 누군가의 자식이 되고 형제가 생기고 학교에 가면 친구라는 관계가 만들어진다.

관계 속에서 말과 감정을 주고받으며 '나는 어떤 사람'이라는 정의를 내린다. 엄마도 나를 보고 예쁘다 하고 아빠도 예쁘다 하고 언니도 친구도 선생님도 예쁘다 하면 '아, 나는 예쁜 사람이구나' 생각한다. 엄마도 아빠도 친구도 선생님도 내게 못됐다고 하면 '아, 나는 못된 사람이구나' 여긴다.

그 과정에서 자신만의 습관도 만들어진다. 늘 칭찬만 받던 아이는 '내가 최고지'라는 생각에, 다른 사람의 조언을 듣지 않고 멋대로 행동하는 버릇을 지니기도 한다. 늘 비난만 받던 아이는 주눅이 들어 과도하게 눈치를 보거나 무슨 일을 시도하기 전에 미리 걱정부터 하고 포기하는 버릇을 지닌다.

이러한 자기 신념이나 버릇은 오랜 세월을 거쳐 만들어진 만큼 변하기가 쉽지 않다. 하지만 자신의 신념, 생각, 습관이 지금 내 삶에 피해를 준다면 더 늦기 전에 적극적으로 들여다보고 고칠 필요가 있다. 왜냐하면 관계에서 만들어진 신념과 습관은 과거에서 끝나는 게 아니기 때문이다. 관계에서 경험해온 '나라는 사람은 어떤 사람이다'라는 신념, 상대의 반응에 대한 기대와 걱정은 앞으로 맺을 관계에도 계속 영향을 준다. ==관계는 반복된다. 아주 지독하고도 끈덕지게.==

스물한 살 지혜 씨는 어릴 때 부모님에게 유독 많이 맞았다. 왜 맞는지 이유도 모른 채 맞았다. 고집이 세다고 맞고 말대꾸를 한다고 맞았다. 동생들 앞에서 골프채로 두들겨 맞기도 하고 머리채를 잡힌 채 질질 끌려가기도 했다.

부모의 심한 매질은 지혜 씨에게 '나는 보잘것없는 사람'이란 낙인을 찍게 했다. 의지와 상관없이 경험이 그렇게 만들었다. 부모님이 화가 나서 쏟아내던 "나가 죽어! 재수 없는 년" 같은 욕은 지혜 씨 마음에 콕콕 가시처럼 박혀 있었다. 지혜 씨는 자신도 모르게 스스로를 '형편없고 무슨 짓을 당해도 싼 사람'이라고 느꼈다.

사회생활을 하면서도 '형편없는 취급'은 계속됐다. 실업계 고교를 졸업하고 사무보조원으로 첫 취업을 했을 때 이름이 아닌 "야, 너"로 불리면서 무시당했다. 옷차림을 지적당하거나 술자리에서 성희롱을 당하기도 했다. 도저히 견딜 수 없어 직장을 그만두고 재취업을 했지만 그 후로도 비슷한 경험을 하게 되면서 연달아 퇴사했다.

아르바이트를 전전하면서 사는 자신과 달리 평범한 직장생활을 시작한 친구들을 질투했다. 혼자만 '사회 부적응'인 것 같았다. 열등감으로 속을 끓이던 지혜 씨는 친구들과 독하게 싸우고 절교했다.

지혜 씨는 억울했다. 부모님이 잘못 키워서 사회 부적응자가 됐다고 생각했다. 그리고 진짜로 형편없어진 자신을, 죽이고 싶을 정도로 사람들을 미워하게 된 자신을 혐오했다. 자신을 혐오하기에 자신에게 다가오는 상대가 누구든 간에 있는 힘껏 밀어냈다. 하룻밤 잠자리는 얼마든지 가능했지만 그 다음 약속을 정하는 상대는 철저히 차단했다. 누군가와 가까워지는 건 지혜 씨에게 큰 부담이었다. 형편없고 혐오스러운 자신의 모습을 누구에게도 보이기 싫었다.

지혜 씨와 상담을 시작할 때 나도 꽤 혼란스러웠다. 관계에 거부감을 보이는 지혜 씨와 치료 관계를 맺는 것, 그게 가능할까? 자기혐오를 넘어 타인을 이유 없이 미워하고 작은 실수도 용인하지 않는 예민함을 견딜 수 있을까? 과연 지혜 씨를 밀어내지 않고 상담을 이어갈 수 있을까?

만약 내 마음에서 지혜 씨를 밀어내는 징후가 하나라도 발견되면 그 즉시 상담을 끝낸다는 나만의 기준을 세웠다. 내담자와 소통하기 싫은데도 마음을 숨긴 채 꾸역꾸역 상담을 이어가는 것보다는 솔직하게 실패를 인정하고 다른 상담사에게 연계하는 게 도움이 되리라.

지혜 씨는 상담을 하면서 자신이 어떤 끔찍한 생각까지 했는지 이야기하곤 했다. 가령 햄스터를 공중으로 던졌다가 받는 장난을 치곤 했는데 몇 번은 천장까지 던졌다가 일부러 안 받았다. 창밖으로 지나가는 고양이한테 돌을 던지기도 했고 사람한테 던지면 어떻게 될까 상상도 했다고.

지혜 씨는 계속 나를 의심했다. '이런데도 네가 나를 안 버려?'라는 식으로 마치 내가 알아서 먼저 나가떨어지기를 기다리는 것 같았다. 지혜 씨에게는 관계가 절박했다. 사랑받고 사랑할 수 있는 애착 관계를 갈망했다. 갈망할수록 '또 버림받는 건 아닐까?' 하는 두려움은 커지고 그 두려움을 잠재우기 위해 지혜 씨는 먼저 상처를 주는 방식을 택했다.

그렇게 부모를 원망하고 동생들을 증오하고 남자친구를 의심했다. 애착 대상이 바뀔 때마다 지혜 씨의 화는 옮겨 다녔다. 누군가와 관계가 깊어지면 서운함과 화를 먼저 보여줬다. '내게 계속 머물러줘.

난 당신이 좋아'라는 마음을 '이런데도 나를 좋아할래?'라는 극단적인 식으로 보여줬다.

그러던 어느 날, 상담사인 나에게도 본격적으로 서운함과 억울함을 내비쳤다.

"선생님은 위선자예요! 겉으로만 친절한 척 굴고 속으론 날 이상한 년으로 봤죠? 선생님 너무 싫어요!"

지혜 씨의 폭언에 황당함과 배신감이 스쳤고 '내가 지금까지 얼마나 이 상담을 위해 애썼는데……'라는 생각에 억울했다. 그래도 마음을 다잡고 지혜 씨의 말을 들으면서 마음에 스쳐갔던 감정을 하나하나 읊어줬다. 뾰족한 날을 세우는 건 지혜 씨가 그만큼 내게 애착을 느꼈다는 거고 상담이 끝날까 봐 불안해서 나를 시험해보려는 것일 테니 말이다.

"지혜 씨가 그렇게 느꼈다니 슬퍼요. 억울하기도 하고. 내가 그것밖에 안 되나 자괴감도 들고 지혜 씨가 왜 갑자기 그런 마음이 들었을까 궁금해지기도 하고 혼란스럽네요. 우리가 왜 이렇게 됐을까요? 우리 문제에 대해 얘기해봐야 할 것 같아요."

그렇게 말할 수 있었던 데는 지혜 씨와 사계절을 보내면서 서로에게 보여준 모습과 믿음이 있기에 가능했다. 그리고 나는 지혜 씨 문제가 아니라 '우리 문제'라고 했다. 우리 관계에서 벌어진 문제니 우리 문제.

애착을 느끼는 만큼 불안해져서 상대를 먼저 공격하는 지혜 씨의 관계 패턴, 공격당한 상대는 떠나고 결국은 외톨이가 되어 느끼는 우울 고리. 상대에게 원치 않는 상처를 주고 그렇게 상처를 준 자신을 혐오해온 걸 알기에 지혜 씨가 그걸 자기만의 문제로 끌어안지 않기를 바랐다.

지혜 씨가 내게 위선을 느꼈다면 내게도 일부 책임이 있는 것이다. 내게 그런 의도가 없었다고 백퍼센트 확신할 수 없으니까. 지혜 씨와 '우리 문제'를 같이 얘기하면서 어쩌면 내가 위선적으로 행동했을 수 있다고 인정했다. 하지만 그런 모습을 지혜 씨에게 들키고 싶지는 않다, 지혜 씨에게는 좋은 모습만 보이고 싶다고 말해주었다. 호감을 느끼는 만큼 잘 보이고 싶은 마음이 드니까 그런 거라고.

사실 지혜 씨와 상담을 하면서 고비를 여러 번 넘겼다. 지혜 씨는 상담 첫 시간부터 계속 나를 시험했고 힘들게 했다. '이렇게까지 해도 나를 떠나지 않을 거냐'고 별것 아닌 일로 억지를 부리기도 했고 '상담한 지 꽤 됐는데 별로 나아지는 것 같지 않다'라며 나의 전문성을 깎아내리기도 했다.

그럴 때마다 나는 지혜 씨에게 서운하고 속상하다고 솔직하게 말했다. 지혜 씨는 다시는 안 볼 사람처럼 쏘아댔지만 상담실을 완전히 등지지는 않았다. 그래서 관계가 계속 이어질 수 있었다.

관계가 계속 이어진다는 것, 그것은 지혜 씨가 조금씩 나아지고 있다는 증거다. 깊은 관계가 되면 초라한 자신을 들킬까 봐 늘 상대를 쫓아냈던 지혜 씨. 가끔 상대를 실망시켜도 '버려지는 것'이 아님을, 관계가 일방적으로 끝나는 것이 아님을 지혜 씨가 알기를 바랐다.

관계에 매달리지 않아도

완벽하지 않아도

어떻게든 관계는 이어진다는 걸

깨닫기 바란다

# 작은 서운함도
# 허심탄회하게

사람이 사람에게 주는 상처 중에서 '배신'만큼 피눈물 나는 게 있을까. 믿었던 사람에게 버림받고 사랑했던 사람에게 내쳐지는 경험. 믿고 사랑했던 만큼 그 상처는 헤아릴 수 없이 깊다.

몸 어딘가에 구멍이 뚫려 조금씩 피가 새는 느낌이랄까. 정신이 멍해지고 다리가 후들거리고 심장이 두근두근 터질 것 같은 상태. 도저히 믿기지 않고 어떻게 해야 할지 모르겠고 어딘가로 도망치고 싶은데 다리에 힘이 풀려 자꾸만 주저앉게 되는 상태.

배우자의 외도는 갑작스러운 화재나 지진처럼 무방비 상태로 당하는 재난이다. 배우자를 의심하면서 결혼생활을 하지는 않으니까.

그러니 당하고 나서 아찔한 건 당연하다.

'어떻게 나한테 이런 일이!'라는 말만 맴돈다.


결혼 15년 차인 소민 씨는 남편이 외도를 인정했음에도 불구하고 그 사실을 받아들이지 못했다. 자신에게는 있을 수 없는 일이라고 절대 일어나서는 안 되는 일이라고 외치는 듯.

남편은 어느 순간부터 하루 이틀씩 외박을 했다. 장례식에 간다고 했고 친구와 지방에서 술을 마시다가 잠들었다고 했다. 자신만 빼고 아이들과 가족 여행을 다녀오라고 할 때도 그런가 보다 했다.

어느 날 우연히 남편의 전화를 대신 받았는데 "나야" 하는 여자 목소리를 듣고 묘한 기분이 든 적도 있었다. 누구냐고 묻는 말에 당황하는 남편을 보고도 그냥 넘겼다.

소민 씨가 남편의 외도를 알게 된 건 중3 딸을 통해서다. 어느 날 딸이 "엄마, 내가 아빠를 미행했는데 아무래도 이상해. 바람피우는 것 같아"라고 귀띔했다. 딸은 남편의 통화목록을 확보해놓았고 그 여자에 대해 인터넷으로 뒷조사를 해두었다.

그날 밤 아이들을 친정에 보내고 남편에게 바람을 피웠냐고 물었다. 처음에는 펄쩍 뛰더니 이내 솔직하게 시인했다. 대학 동창인데 어쩌다가 그렇게 됐다고. 조만간 정리하려 했다고.

하지만 그날부터 소민 씨의 지옥이 시작됐다. 남편이 외도를 시작한 게 언제부터였을까. 지난 몇 년 동안 있었던 일을 하나하나 되짚기 시작했다. 명절에 아이들과 친정집에서 하룻밤 자고 왔는데 그때도 그 여자랑 있었을까. 지난번에 샀다는 명품 지갑이 알고 보니 그 여자의 선물은 아닐까. 대체 언제부터 서로 눈이 맞았을까. 우리가 만나기 훨씬 전부터 사귀었던 건 아닐까.

소민 씨는 잠을 잘 수가 없었다. 뜬눈으로 밤을 새우기를 며칠. 병원에서 약도 처방받았다. 집안일이 도저히 손에 잡히지 않았고 아이들은 아침밥을 굶은 채 학교에 갔다.

남편은 소민 씨에게 잘못을 빌었다. "나도 그 여자 속임수에 넘어간 거야. 내가 좀 더 빨리 정신을 차렸어야 했는데 미안해"라며 사과했다. 그 모든 게 변명처럼 들렸고 뻔뻔스럽게만 느껴졌다. 소민 씨는 별거를 원했고 남편은 상담을 권했다.

소민 씨는 그렇게 상담실을 찾았다. 상담은 생전 처음이라고 했다. 자신은 원래 힘든 일에 부딪혀도 긍정적으로 받아들인다면서 '상담'이란 걸 받게 될 상황이 자신에게 닥칠 줄 몰랐다고 하소연했다.

소민 씨는 여전히 남편이 외도한 사실을 실감하지 못했다. 2년 동안 불타는 연애 끝에 결혼을 했고 아이들이 중고등학생이 될 때까지 남편은 누구보다 가정에 충실했다. 소민 씨가 피부과 미용시술을 받을 때면 병원까지 차로 데려다주고 시술이 끝날 때까지 기다리다가 함께 오고는 했다. 시술받고 나서 찬바람 쐬면 안 된다면서. 그렇게 남편은 세심하고 따뜻했다.

자상한 남편과 금쪽같은 두 아이, 소민 씨는 '황금비율' 같은 가정이 깨지지 않기를 원했다. 하지만 가정을 지키고 싶은 마음이 절박할수록 마음이 복잡했다. 남편이 그 여자에게도 얼마나 살뜰히 잘했을지 떠올리면 속이 상했고 이렇게 예쁜 아이들에게 상처를 준 남편이 야속했다. 특히 아빠의 외도를 처음 알아챈 딸은 아빠를 더럽다고 생각했다.

몇 회기 동안 소민 씨는 폭풍 속을 걸었다. 온갖 생각이 복잡하게 넘나들었고 온몸에 힘이 풀렸다. 그냥 용서해야 하나 무시해야 하나 아이들과 함께 집을 나가야 하나 깔끔하게 이혼해야 하나 무엇 하나 결정하지 못했다.

주변에서 '잉꼬부부'로 불렸던 만큼 남편이 왜 바람을 피웠는지 납득이 안 되었다. 권태기 때문인지 시가에 소홀하다고 서운함이 쌓인 건지 그냥 남자라는 족속이 그런 건지 원래 바람기가 다분한 사람인데 그걸 미처 몰랐던 건지 남편은 가만히 있는데 그 여자가 작심하고 달려든 건지.

남편은 그 여자에게 당한 거라며 자신도 피해자라고 말했다. 소민 씨는 그 말을 믿었다. 남편의 다정한 성격을 알고 그 여자가 의도적으로 덤벼든 거라고 생각했다.

소민 씨는 정말 남편의 말을 믿는 걸까. 아마 아닐 거다. 그렇게 믿어야 그나마 숨통이 트이니까. 남편에 대한 배신감이 도저히 감당이 안 되니 그렇게라도 숨을 쉬어보려고 애쓰는 것 같았다. '내 남편은 죄가 없어요'라는 말은 '내 남편이 의도적으로 나를 속이고 그런 파렴치한 짓을 했다면 더는 이 사람을 믿지 못할 것 같아요'라는 뜻이다. 배신감으로 찢긴 마음을 그나마 추스르려면 남편 잘못이 아니어야 하니까.

소민 씨가 변호사가 아니라 상담사를 찾았을 때는 같이 살려는 마음이 있는 거다. 갈라서지 않고 살긴 살아야 할 것 같은데 믿음이 깨진 상태에서 어떻게 해나가야 할지 막막해서 상담실을 찾았을 거다. 시시비비를 가리기보다는 소민 씨의 마음이 흐르는 대로 따라가는 게 옳다 믿는다. 하지만 시간이 지나 마음이 어느 정도 정리되면 부부 관계를 찬찬히 훑어볼 필요가 있다.

보통 일탈은 관계의 균열에서 시작한다. 완벽한 보금자리라면 밖으로 눈을 돌리지 않는다. ==알게 모르게 서운함이 싹트고 마음속 갈등이 해소되지 않아 관계에 틈이 생길 때 그 틈으로 바람이 든다.==

외도의 원인이 외부가 아니라 부부 사이에 있다는 것을 소민 씨가 받아들일 준비가 될 때까지 시간이 필요할 것 같았다. 마음이 단단해지고 당차질 때까지는 누구의 말에도 휘둘리지 말고 내 마음이 시키는 대로 흘러가게 내버려두는 게 낫다.

상처가 아무는 데는 시간이 오래 걸린다. 특히 관계에서 생긴 상처는 아무는 동안 더 크게 더 자주 덧난다. 나았다 해도 흔적이 남아서 나중에 작은 빌미가 생길 때마다 계속 떠올리게 된다. 그래서 안 다치는 게 제일 좋다. 관계가 무너지는 경험을 안 하는 게 제일 좋다. 그러기 위해 관계에 틈이 생기지 않도록 우리의 보금자리를 따뜻하고 안락하게 만들어두어야 한다.

작은 서운함도 허심탄회하게
말할 수 있는 수용적인 분위기
서로 비난하지 않고 존중하는 태도
가장 힘들고 초라할 때
쉬었다 갈 수 있는 쉼터

# 차마 범접할 수 없는
# 강인함

보건소 심리지원센터에 오는 분들은 주로 중장년층이다. 평일 낮에 운영하다 보니 아무래도 주부나 60대 이상 어르신이 많다. 부모님 세대다. 살아온 세대가 다르다 보니 시대 배경이나 가치관을 이해하기 힘들 때가 있다. 그럴 때는 섣불리 판단하기보다 주로 열심히 듣는 편이다.

50분 상담이지만 때론 한 시간을 훌쩍 넘기기도 한다. 시간이 다 되었다고 말씀드릴 때도 있지만 "그렇지, 선생님 바쁘신데 나만 얘기할 수는 없지. 근데 말이지, 이거 하나만 얘기하고 갈게" 하면서 말씀을 이어간다.

때로는 약속 없이 불쑥 찾아오기도 한다. 지나가다 그냥 들러봤는데 상담해도 되냐고 하면서. 그럴 때는 웬만하면 상담을 진행한다. 정해진 일정과 시간을 지키는 건 상담의 가장 기본적인 원칙이지만 어르신과의 상담에서는 딱딱 정해진 대로 하는 게 별 의미가 없다. 관계를 맺는 데 있어 구조화된 틀보다는 유연한 대처가 필요한 순간이 더 많다.

효과적인 방법이나 절차를 제대로 지키면 좋겠지만 그러지 못하는 상황이 된다 해도 단 하나 놓쳐서는 안 되는 게 있다. '==삶이라는 고된 과정을 묵묵히 버텨온 것에 대한 존경심==', 어르신과의 상담에서는 그게 가장 중요했다.

어느 어르신은 평생 애지중지한 아들이 결혼 후에 멀어져서 서럽다고 한참을 울었다. 평생 남의 집 살림부터 청소, 막일까지 안 해본 일 없이 고생하며 키운 아들이었다. 뼈마디가 쑤셔도 아들을 생각하면 아플 수도 없었다.

또 어떤 분은 가계 형편이 어려운데 당뇨, 고혈압, 관절염까지 생기자 딸에게 부담이 될까 봐 자살을 준비한다고 했다. 오래전부터 수면제를 차곡차곡 모아왔다면서 "이걸 먹으면 정말 죽긴 해요?"라고 순진하게 물어오기도 했다.

어르신들의 사연은 하나같이 구구절절하고 애달팠다. 애자 씨, 순례 씨, 점례 씨, 말년 씨, 이름이 있으나 불린 적이 별로 없었다. 내가 꾸는 꿈, 원하는 삶보다는 '누구 엄마, 누구 마누라, 누구 며느리'로 살아온 나날이 많았다. 가족을 위해 어쩔 수 없이 '나'를 버려야 했던 삶이었다. 가부장 사회가 그 시대 여성에게 요구했던 가혹함이라는 생각이 들었다.

그저 듣고만 있어도 가슴이 먹먹해지는 일이 많았다. 살아온 햇수만큼이나 얽힌 한, 마구 엉켜버린 실타래를 어떻게 풀어야 할지 알 수 없었다.

한 70대 어르신은 한밤중에 '보쌈'을 당해서 아이를 낳고 살게 되었다고 한다. 누구와 결혼할지 선택권이 없었고 부당한 처사에 항거할 방어권이 없었다. 군불도 안 땐 방에서 산후조리를 하느라 몸은 성한 데가 없는데 시가 식구 열댓 명의 삼시 세끼를 차려내느라 제대로 쉬지도 못했단다.

어느 밤, 서러움이 복받쳐서 잠든 아이를 두고 맨발로 정신없이 뛰쳐나왔는데 나와 보니 막상 갈 데가 없어서 길 한복판에 주저앉아 한참을 울었다고 한다.

어르신의 이야기는 생생했다. 집을 뛰쳐나왔던 그날 코끝을 스치던 밤바람, 멀리서 들리던 새소리, 차가운 흙바닥의 감촉. 마치 어제 일인 것처럼 기억이 또렷했다. 이야기를 듣는 내가 그 자리에 함께 있는 것처럼. 칠순 어르신의 기억은 열아홉에 그대로 머물러 있었다.

정해진 상담 시간이 지났지만 차마 이야기를 끊지 못했다. 어르신은 90분 내내 이런저런 한을 쏟아내더니 상담을 마치면서 이렇게 말했다.

"처음이에요. 이렇게 얘기해본 거."

단 한 번도 꺼내지 못한 서러움은 그대로 굳어서 마음 한편에 자리하고 있었다. 돌덩이처럼 딱딱하고 묵직하게. 체증을 느끼면서 그 오랜 세월을 대체 어떻게 견뎌냈을까?

하지만 이야기를 마친 후에 어르신은 표정이 달라져 있었다. 기댈 데가 없어 두렵고 불안했던 열아홉 소녀는 이제야 안심하는 듯했다. 그 모습을 보면서 가슴이 아팠다. 그간 어디에도 털어놓을 수 없었다는 것, 아무도 그 이야기에 귀 기울이지 않았다는 것이 마음 아팠다.

다음번에 또 오시라고 하자 어르신은 고개를 저었다. 더 이상 상담은 필요 없을 것 같다고 하면서. 이거면 충분하다고, 걱정해서 해주는 말인 건 알지만 괜찮다고 하면서 집으로 돌아갔다.

남편에게 인간으로서 최소한의 대접도 못 받은 인생이었지만 어르신은 그 말도 안 되는 대우를 참아내고 부글거리는 속내를 다듬어가면서 내공을 쌓은 듯했다. 운명을 받아들인 사람에게만 보이는 단단함이랄까. 차마 범접할 수 없는 강인함이었다.

누구나 불안과 걱정, 고민이 있다. 열다섯 소녀든 칠순 노인이든

제 나이대에 맞는 고민을 한다. 살아보지 못한 인생에 대한 두려움이 있고 살아온 삶에 대한 후회가 있다. 하지만 두렵다고 세월을 막을 수 없고 후회된다고 과거로 돌아갈 수 없는 일. 우리는 그저 주어진 삶을 살아갈 뿐이니까. 다만 그 여정에서 누군가 내 이야기를 궁금해했으면 좋겠다. 그래서 내가 편하게 이야기할 수 있었으면 좋겠다.

내 이야기에

오롯이 귀 기울여줄 누군가

곁에 있었으면 좋겠다

| 글을 마치며 |

# 누구에게나 열려 있는 곳! 보건소 심리지원센터

 원래는 '심리상담에 관한 만화'를 그리고 싶었습니다. 만화는 글을 읽기 어려워하는 어르신도 글을 못 뗀 아이도 보니까요. 책을 즐기지 않는 저희 어머니도 미용실 잡지에 실린 만화는 보거든요. 누군가와의 문제를 풀려면 자신의 속이 먼저 풀려야 한다는 걸 어머니가 알기를 바랐습니다.

 그 바람이 제가 상담을 공부하게 된 동기입니다. 상담받으면서 경험한 행복을 어머니, 아버지도 느꼈으면 좋겠다고 생각했어요. 상담 한번 받아보라고 하면 아버지는 눈을 부릅뜨면서 "내가 무슨 문제가 있다고!" 자존심을 부릴 테고 어머니는 눈을 내리깔고 "그런 건 해서 뭘 해" 하실 거예요. 한 회기에 십만 원 정도 든다고 하면 "쓸

데없는 소리!"하며 펄쩍 뛸 겁니다. 온종일 손님을 태웠다 내렸다 하면서 몇천 원 단위의 돈을 버는 택시 기사 아버지에게는 절대 있을 수 없는 일이지요.

공공기관에서 상담하면서 뿌듯했던 건 절대 상담받지 않을 것 같은 분들과 만날 수 있어서였습니다. 누구의 엄마로만 살아오던 분이 자신의 이름 석 자를 찾았고, 먹고 사느라 자식을 짐처럼 여기던 분이 '그래도 내 새끼'라며 자식을 품었습니다. 당장 죽겠다던 어르신이 상담을 마치고는 내일 또 와도 되냐고 했고요.

물론 고달프기도 했습니다. 상담에서 넋두리나 늘어놓을 시간이 없다며 오지 않는 분도 있었고, 예약 일정을 정할 때면 "왜 기다려야 하는데?"라며 화를 내는 분들도 자주 있었습니다. 공공기관 상담은 필요 없고 돈을 낼 테니 상담 잘하는 사람을 소개만 해 달라면서 찾아오는 분도 있었습니다.

하지만 그런 어려움은 친절하게 설명하고 조금 참아내면 될 일이었어요. 제일 힘든 건 내부에 있었습니다. 예산 편성을 담당하는 부서는 시간제 상담사의 급여를 깎을 궁리만 했죠. 보건직 공무원인 상사는 20분씩 상담하면 더 많이 할 수 있는데 왜 50분이나 상담하냐고 물었습니다. 영양사도 '영양 상담'을 하고 운동처방사도 '운동 상담'을 하니 심리상담도 간단한 검사와 몇 마디 조언만 하면 되지 않겠냐고 여겼을 겁니다.

 어디부터 설명해야 하는지 답답했고 겨우 이런 대우를 받으려고 그 힘든 공부를 마쳤나 자괴감이 들기도 했어요. 고달픔을 해결하기 위해서는 상담 체계를 세워야 했습니다. 그것도 전문성을 갖춘 체계를 구체적으로요. 내담자 인적 사항과 호소 문제 등을 일목요연하게 구분한 '상담신청서' 서식을 만들었고 첫 호소 문제에 따라 실시할 수 있는 간이검사지(우울, 불안, 자살사고, 알코올중독, 산후 우울, 중독 등)를 분류해서 배치해두었지요. 전화로 상담 문의를 하는 분들이 많아서 '자주 하는 질문'을 정리했습니다. 상담 회기, 상담 시간, 회기 연장 기준, 만족도 항목, 지역사회와의 연계 방법 등을 공문서 형식으로 만들어 상담의 전문성을 높였습니다. 그런 노력으로 자치구 우수사례 공모전에 나가서 수상하기도 했습니다.

 사실 상담심리 전문가로 기관에서 인정받고 싶었습니다. 보건소 안에서 심리상담이 독자적인 기능을 하기를 바랐습니다. 정신과적 증상이 있는 경우에 찾게 되는 정신건강복지센터와 달리 보건소 심리지원센터는 말 그대로 지역주민이면 '누구에게나' 열려 있는 곳이었거든요.

 그렇게 4년 3개월을 근무하고 다른 공공기관으로 이직했습니다. 임기제 공무원 8급으로 근무했으니 여타 공공기관에 비하면 처우가 그리 나쁜 편은 아니었습니다만 경력이 늘고 전문성이 높아지니

더는 머물 수가 없더군요. 처우가 나아지지 않으니까요. 공공기관은 이런 식으로 좋은 인재를 많이 놓칩니다.

언젠가는 공공기관을 떠나 제 사명이라 생각하는 상담 사업을 펼치겠지요. 그때는 우울하거나 마음이 불안하면 누구나 부담없이 심리상담을 받을 수 있는 세상이었으면 합니다. 감기 걸리면 동네 병원에 가듯이 말입니다. 그런 날이 빨리 올 수 있도록 책이든 만화든 실제 상담이든 계속해서 애쓰겠습니다. 누군가와의 관계를 풀고 마음의 평온을 찾기 위해 가장 먼저 속부터, 마음부터 풀 수 있도록 말입니다.

## 심리상담 Q&A

심리상담에 대해 자주 듣는 질문을 모았습니다.
전문가적 소견을 담아 답변을 드립니다.
정해진 답은 아닙니다. 기관마다 세부 규정이 다르고
상담사마다 관점이 다를 수 있습니다.
상담을 어떻게 시작해야 하는지 상담이 어떻게 진행되는지
전반적인 과정을 훑어보는 마음으로
보았으면 합니다.

## 상담하기 전이라면

- 상담은 누가 받는 건가요?
- 고민 있을 때 가까운 친구에게 속마음을 털어놓으면 되는데 굳이 비싼 비용을 내면서 상담사를 찾아갈 필요가 있을까요?
- 막상 상담한다고 생각하면 떨려요
- 예전 상담 경험이 별로 안 좋았어요. 그냥 얘기만 들어주고 문제 해결로 이어지지는 않더라고요
- 상담 비용은 얼마인가요?
- 혹시 무료 상담 기관이 있나요?
- 무료 상담 기관의 장점과 단점은 뭘까요?
- 경력이 짧은 분에게 상담을 받으면 효과가 별로일까요?
- 상담사를 어떤 기준으로 선택해야 하나요?
- 상담 관련 자격증이 엄청 많던데 어떻게 구별해야 하나요?
- 자격증을 확인한 다음은요? 좋은 상담사인지 어떻게 알죠?
- 상담사가 제 문제를 제대로 이해할 수 있을까요?
- 제 문제가 좀 특이한데요. 상담사가 편견이 있으면 어떡하죠?
- 전화나 채팅, 화상으로 상담해도 될까요?

## 상담은 누가 받는 건가요?

상담은 '누구나' 받을 수 있습니다. 심각한 고민이 있는 사람, 고민이 되다가 안 되다가 하는 사람, 나 자신을 이해하고 싶은 사람, 지금보다 나은 자신이 되기를 원하는 사람, 누구에게나 열려 있습니다.

## 고민 있을 때 가까운 친구에게 속마음을 털어놓으면 되는데 굳이 비싼 비용을 내면서 상담사를 찾아갈 필요가 있을까요?

마음을 위로해주는 친구가 주변에 있다는 것은 다행스러운 일입니다. 속사정을 아는 가까운 친구라면 구구절절 부연 설명을 하지 않아도 되고요. 하지만 친구와의 고민 상담은 일반적인 대화로 이루어지기에 공감대를 형성하고 위로와 지지를 받을 수는 있지만 분명 한계가 있습니다.

첫째, 대화가 물 흐르듯 흘러가 버립니다. 일반 대화이기 때문이죠. 이야기하다 갑자기 다른 주제로 빠지기도 하고 어떤 상황으로 인해 이야기를 충분히 못 할 수도 있습니다. 가끔은 내 생각과 다른 반응이 나와서 실망하기도 하고요. 반면 상담사와는 구조화된 대화를 나눕니다. 즉, 현재 고민되는 부분을 해결하기 위해 이야기 주제, 목표 등을 어느 정도 정해놓고 초점화해서 집중적으로 대화를 나누게 됩니다.

둘째, 진짜 마음을 드러내기 힘들 때가 있습니다. 관계를 맺는다는 것은 그 사람에 대한 일종의 '선입견'이 생기는 거예요. 선입견이 있는 일반 관계에서는 자신을 있는 그대로 드러내기가 쉽지 않습니다. 선입견은 '상대가 나를 어떻게 볼 것이라는 기대치'를 만들어내기 때문이죠. 평상시 친구에게 "너는 참 씩씩하다. 잘 울지도 않고 말이야"라는 말을 들었다면 그 친구 앞에서 와르르 무너져내리는 마음을 드러내기 쉽지 않을 거예요. 반면 상담사와의 관계는 '내담자 중심'으로 이루어지기에 상담사 개인의 선입견을 드러내지 않습니다. 상담을 위해 맺은 관계니까요. 상담사는 거울처럼 묵묵히 당신을 비춰줄 거예요. 그 관계에서는 진짜 속마음을 꺼내기가 훨씬 수월합니다.

셋째, 비밀이 잘 지켜지지 않습니다. '친구니까 내 고민을 어디 가서 말하지 않겠지' 하고 믿지만 사실 비밀이 잘 지켜지리라 보장할 수는 없습니다. "이거 아무한테도 말하지 마. 너한테만 말하는 거야"라는 문구는 어딜 가나 통용되거든요. 혹시라도 비밀이 퍼졌을 때 미치는 여파도 크지요. 반면 전문 상담은 비밀을 철저히 보장합니다. 상담 관계를 맺기 위해 가장 필수적인 요건이고요. 상담사라는 직업의 기본 윤리 규정이기도 합니다.

**막상 상담한다고 생각하면 떨려요**

나를 드러내야 하니 당연히 떨릴 수밖에요. '별일 아닌데 괜히 유별나게 구는 건 아닐까? 상담이 효과가 있을까? 나를 문제 많은 사람으로 보면 어쩌지?' 하면서 생각이 많아집니다. 하지만 그 마음만 있는 건 아니에요. 불안해서 떨리기도 하지만 궁금해서 떨리기도 하죠. 나는 내가 너무 궁금하거든요. 대체 내가 왜 이러는지 이상해진 건 아닌지 나란 사람은 어떤 사람인지. 지금껏 몰랐던 '미지의 나'를 안다는 것은 더 넓은 세계가 열린다는 것을 의미합니다. '아, 그래서 그랬구나!' 자신을 이해하고 받아들이게 돼요. 새로운 시각이 생기고 새로운 방향이 보입니다. 갑갑한 알을 뚫고 나온 새가 더 넓은 세상으로 날아가는 것처럼요.

**예전 상담 경험이 별로 안 좋았어요. 그냥 얘기만 들어주고 문제 해결로 이어지지는 않더라고요**

상담하면서 실망했던 경험이 있는데도 이 책을 읽다니 상담에 대한 기대가 조금은 남아 있네요. 무엇에 실망했는지 정확히 알 수는 없지만 한 가지는 말해주고 싶습니다. 상담은 '당신'이 중심입니다. 문제를 해결할 방법을 제시해도 결국 그 방법을 삶에 적용하는 사람은 '당신'이죠. 그렇다고 문제가 해결되지 않은 게 '당신 탓'은 아닙니다. 주변 여건이 좋지 않았거나 운이 나빴거나 해결하고 싶은데 마음이 그만큼 안 따라주기도 하니까요. 하지만 문제 해결은 '당신 몫'이라는 걸 잊지 마세요. 당신이 자신의 문제를 있는 그대로 감당할 힘을 내는 것, 당신 몫의 삶을 당당히 받아들이도록 돕는 것, 그게 상담입니다.

## 상담 비용은 얼마인가요?

기관마다 차이가 있으나 보통 5~10만 원입니다. 상담 경력이나 자격에 따라 비용이 다르고 지역에 따라서도 차이가 있습니다.

## 혹시 무료 상담 기관이 있나요?

국가 혹은 지자체에서 운영하는 기관은 무료 상담이 가능합니다. 혹은 지역사회 서비스투자사업(바우처) 등의 제도를 통해서 상담료를

| | 대상 | 기관 |
|---|---|---|
| 대상별 | 청소년(만9세~24세) | 시군구 청소년상담복지센터(전국 240개소) |
| | 학생, 학부모 | 학교 '위(Wee) 클래스', 교육지원청 '위(Wee) 센터' 등 |
| | 대학생 | 교내 학생상담센터 |
| | 직장인 | 사내 상주 혹은 협약상담사('직원 복지' 형태로 운영) |
| | 지역주민 | 지자체별 상이(예: 서울시민 대상 - 서울심리지원센터) |
| 주제별 | 정신건강 | 시군구 정신건강복지센터(대표번호 1577-0199) |
| | 가족/돌봄 | 시군구 가족센터(대표번호 1577-9337) |
| | 중독 | 시구 중독관리통합지원센터(전국 50개소) |
| | 가정폭력/성폭력 | 한국여성인권진흥원(1366)<br>한국여성상담센터(02-953-1503)<br>한국여성의전화(02-2263-6464) |

지원받는 방법도 있습니다(지역 행정복지센터로 문의).

### 무료 상담 기관의 장점과 단점은 뭘까요?

먼저 장점은 비용이 무료이기에 부담 없이 상담을 시작할 수 있다는 점입니다. 상담이라는 개념 자체가 생소한 어르신, 생계가 빠듯해서 마음 문제는 무시해버리는 분, 여러 이유로 상담할까 말까 망설이는 분에게 상담을 시작해볼 기회가 됩니다. 또한 범죄 피해(성폭력, 가정 폭력 등), 재난 피해, 중독, 에이즈 등 전문적이고 긴급한 지원이 필요한 경우에도 무료로 상담 지원이 가능합니다.

단점은 상담 서비스의 대상이 되는 인원이 많아서 한 사람당 가능한 상담 횟수에 제한이 있습니다. 심각도, 주변 여건에 따라 횟수가 달라지기는 하나 보통 5회 내외의 단기 상담으로 이루어집니다. 또한 공공기관의 경우 상담사를 선택하기가 어렵습니다. 상담사 정보를 제대로 안내하는 곳이 거의 없기 때문입니다. 그래서 공공기관 무료 상담을 이용하면 효과나 만족도가 천차만별인 경우가 많습니다.

### 경력이 짧은 분에게 상담을 받으면 효과가 별로일까요?

상담 경력이란 '내담자가 지닌 심리 문제를 파악하고 주어진 여건에 맞게 적합한 방향을 제시하는 숙련도'입니다. 숙련된 상담사는 내담자 열 명을 만나면 그중에 8~9명 정도는 성과를 낸다고 봅니다. 내담자의 상황이 어떠하든 간에 거기에 맞게 대처할 여러 방안을 지니고 있기에 더 효과적인 상담이 가능하죠.

==상담 경력이 짧은 상담사는 내담자의 문제 상황에 따라 상담 성과의 편차가 있습니다.== 상담에서 다루어본 유형이 적기 때문에 처음 접해본 문제라면 당황하게 되는 거죠. 하지만 상담사가 처음 다루는 문제라고 해서 늘 성과가 없는 건 아닙니다. 내담자가 겪는 문제를 전부 헤아리지는 못해도 내담자를 진심으로 돕고 싶은 마음, 인간적으로 존중하는 태도, 숙련된 전문가에게 슈퍼비전을 받아서라도 내담자에게 희망을 주고 싶은 간절함은 대부분 긍정적인 상담 효과로 이어지니까요.

**상담사를 어떤 기준으로 선택해야 하나요?**

==제일 먼저 '상담 자격'을 확인해보세요.== 자격증이 있다고 무조건 상담을 잘하는 건 아니지만 상담 자격을 소지한 사람에게 상담을 받는 것이 기본입니다. 해당 자격이 공신력이 있는지 '실제' 상담 수행 능력을 검증한 것인지 확인해봐야 합니다.

**상담 관련 자격증이 엄청 많던데 어떻게 구별해야 하나요?**

공신력 있는 국가 자격증에는 '청소년상담사, 전문상담교사, 임상심리사, 직업상담사' 등이 있습니다. 하지만 일부 영역에 국한되어 있어서 현장에서는 민간 자격증이 더 활성화되어 있어요. 상담 관련 민간 자격증은 약 4천 개가 넘습니다. 자격검정 체계도 천차만별이죠. 제대로 검증된 자격이 있는가 하면 필기시험과 몇 시간의 직무연수로 취득할 수 있는 자격증도 있어요. 그래서 꼼꼼한 확인이 필요합니다.

첫째, 상담사의 자격 명칭과 급수를 확인합니다.

상담사가 어떤 자격을 갖추었는지는 보통 상담센터 홈페이지 혹은 블로그에 명시되어 있습니다. 자격이 정확히 명시되어 있지 않다면 그 상담센터는 배제하는 게 좋습니다.

둘째, 해당 자격을 발급한 기관에서 진위를 확인합니다.

발급기관에 직접 문의하거나 홈페이지 검색 등으로 확인합니다. 가령 (사)한국상담심리학회, (사)한국상담학회 등 학회 홈페이지에서 상담 자격 급수별, 지역별로 상담사 명단을 확인할 수 있습니다.

**자격증을 확인한 다음은요? 좋은 상담사인지 어떻게 알죠?**

전공, 자격, 경력 등을 통해 상담 수련을 제대로 받은 사람인지 확인했다면 이번에는 명시되어 있지 않은 부분을 봐야 합니다. 문의 전화를 하거나 상담하면서 상담사가 어떤 사람인지 직접 겪어볼 수밖에 없습니다.

첫째, 상담사와 대화할 때 마음이 편해지는지 관찰해보세요. 분위기를 차분하게 만들어주면서 편하게 이야기하도록 해주는지가 중요합니다. 마음속에 있는 말을 편하게 할 수 있다는 것은 상대방을 믿는 다는 거예요. 상담사의 눈빛, 태도, 말투 등에서 내 이야기를 진심으로 듣고 있는 것이 느껴지면 자신도 모르게 속에 있는 말을 술술 하게 됩니다.

둘째, 지나치게 지시적이고 주도적인 상담사는 피하세요. 몇 마디 대화 후에 바로 '문제를 진단'하고 '명확하게 조언'하고 '강압적으로 충고'하는 상담사는 당장은 선명해 보이지만 혼란을 가중할 수 있습니다. 마음에서 일어나는 문제는 몇 마디 대화로 진단될 만큼 단순하지 않고 일반화된 조언이 내게 맞는다는 보장도 없으며 상담 초기에는 충고를 받아들일 준비도 덜 되어 있을 테니까요. 또한 지나치게 주도적인 상담사에게는 속마음을 이야기할 때 눈치를 보게 되는 경향이 있습니다.

셋째, 상담사가 솔직한지 보세요. 솔직하다는 건 힘이 있다는 겁니다. 당신이 이런저런 이야기를 쏟아내다가 "선생님, 제 말 이해하시죠?"라고 물었을 때 "이런 부분은 좀 헷갈리네요. 다시 얘기해 줄 수 있어요?"라고 말하는 상담사가 더 괜찮은 상담사입니다. 내담자 앞에서 '완벽한 해결사'인 척, '온전하고 완전무결한 사람'인 척 꾸며대는 상담사도 있거든요. 겉으로는 고개를 끄덕이면서 다 이해하는 것 같지만 그렇지 않을 수도 있어요. 내담자에게는 속마음을 드러내라 하면서 정작 상담사 자신은 솔직하지 못한 거죠. 내담자에게 "그 부분은 잘 모르겠네요"라고 말하면 무능한 상담사가 되는 것 같아서 그럴 거예요. 그런데 유능해 보이는 척하는 건 내담자에게 아무 도움도 되지 않습니다. 상담사가 '척'하지 않고 진솔하게 나와 소통하고 있는지를 보세요.

### 상담사가 제 문제를 제대로 이해할 수 있을까요?

마음에서 일어나는 문제는 대부분 복잡합니다. 어린 시절부터 지금까지의 인생사, 주변 상황, 복잡하게 얽혀 있는 관계까지 더해지면 정말 길고 긴 이야기겠죠. 당신이 힘들다고 호소하는 문제를 해결하기 위해서, 당신의 이야기를 이해하기 위해서 상담사는 필요한 질문을 할 거예요. 그 질문에 대답하고 주거니 받거니 대화하면서 상담사는 당신을 이해하고 당신도 자신을 새롭게 이해하게 될 겁니다.

'내 문제는 너무 특이해서 상담사가 이해 못 할 거야'라거나 '살아온 거 반도 얘기 안 했는데 이 짧은 시간에 어떻게 날 이해하겠어?' 등 이해받지 못할까 봐 불안한 마음이 든다면 그 마음을 먼저 다루는 것도 방법입니다. 걱정과 불안을 다루는 것도 자신을 이해하는 과정이니까요.

### 제 문제가 좀 특이한데요. 상담사가 편견이 있으면 어떡하죠?

(사)한국상담심리학회 상담윤리강령에는 '다양성 존중'이라는 부분이 있습니다. '상담심리사는 모든 인간의 기본적인 권리, 존엄성, 가치를 존중하며 성별, 나이, 성적 지향, 성별 정체성, 사회적 신분, 외모,

인종, 가족 형태, 종교 등을 이유로 내담자를 차별하지 않는다. 또한 상담심리사는 자신의 고유한 가치, 태도, 신념, 행위를 인식하고 내담자에게 자신의 가치를 강요하지 않는다'라고 되어 있습니다. 이러한 윤리 규정에 대해 ==제대로 수련받은 상담사라면 내담자의 특성에 대해 편견을 드러내거나 본인의 가치관을 강요하지 않습니다.==

하지만 편견은 자신도 모르게 생기는 경우가 많기에 상담사는 자신에게 어떤 편견이 있는지 살피고 깨우치기 위해 늘 노력해야 합니다. 자신이 염려되는 부분이 있다면 상담을 신청할 때 해당 기관에 요청하는 게 좋습니다. "저는 ~한 면에서 편견이 없는 선생님과 상담하고 싶어요"라고요.

**전화나 채팅, 화상으로 상담해도 될까요?**

비대면 상담(전화, 채팅, 화상 등)은 굳이 방문하지 않아도 되기에 접근이나 이용이 편리하다는 장점이 있지만 분명 한계가 있습니다. 우선 매체를 이용하기 때문에 여러 변수가 생깁니다. 상담 중에 화상 프로그램에 오류가 생겨서 상담이 중단되기도 하고 주변 소음 때문에 방해받기도 합니다. 상담 중에 위기 상황이 생겼을 때 대처하기 곤란한 경우도 발생합니다. 일방적으로 전화를 끊어버리거나 채팅 중단하면 더 이상 개입할 수가 없으니까요.

하지만 때로는 비대면 상담이 필요할 때도 있습니다. 장시간 고립 생활로 사람 만나는 것을 극도로 꺼리는 경우, 거동이 불편해서 상담센터로 찾아오기 힘든 경우, 지방이나 외국에 거주하는 경우 등 비대면 상담이 유용할 때도 있지요. 각자의 여건에 맞게 선택하면 될 것 같습니다.

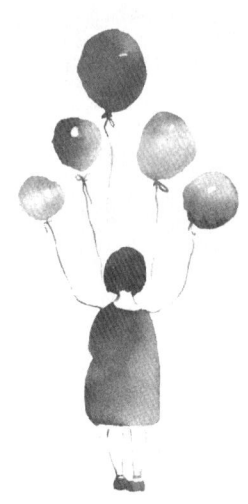

## 현재 상담받는 중이라면

- 첫 상담을 앞두고 뭘 준비해야 할까요?

- 상담 구조화라는 게 뭐예요?

- 상담은 몇 번 정도 해야 하나요?

- 상담을 한 번만 받아도 될까요?

- 비밀이 정말 지켜질까요?

- 공직 시험을 앞두고 있는데 상담 기록이 영향을 줄까요?

- 회사 지원으로 상담하고 있는데 상사에게 결과가 전달되나요?

- 2~3회쯤 상담했는데 마음이 더 힘들어서 그만두고 싶어요

- 상담에서 녹음을 꼭 해야 할까요?

- 상담사와 잘 맞지 않는 것 같아요

- 제 문제의 원인은 아니까 해결법만 명확하게 알려주면 좋겠어요

- 상담하면 좋기만 할 줄 알았는데 마음이 불편하기도 해요

## 첫 상담을 앞두고 뭘 준비해야 할까요?

첫 상담 일정을 잡으셨나요? 가면 어떤 얘기를 해야 하나 어디서부터 얘기해야 하나 고민이 될 겁니다. 어떤 분은 할 말을 미리 써오기도 하고 어떤 분은 고민만 하다가 '에라, 모르겠다' 하고 그냥 오십니다. 저는 후자를 권해드립니다. 어떤 말을 할지 미리 준비한다고 해서 그대로 되지 않거든요. 일방적 대화가 아니라 쌍방향 대화이기 때문입니다. 상담사와 이야기를 주고받다 보면 처음 생각했던 것과 전혀 다른 주제를 말하고 있기도 합니다. 상담실에 들어와서 자리에 앉아 첫 번째로 드는 생각, 그걸 꺼내시는 게 제일 좋습니다.

## 상담 구조화라는 게 뭐예요?

'상담 구조화'는 일종의 약속이에요. 친구랑 "이번 주 토요일에 명동역에서 만나서 같이 옷 사러 가자"라고 약속을 정하듯이 상담사와 내담자가 앞으로 상담에서 무엇을 어떻게 할지를 정하는 거죠. 우리가 왜 만나는지(목표) 어디에서(장소) 언제(시간) 몇 번(횟수) 만날지 상담료는 어떻게 할지(비용) 어떤 노력을 기울여야 하는지(역할) 지켜야 할 부분은 무엇인지(윤리 규정) 등을 의논해요. 구조화는 약속이기에 상호 합의가 있다면 상담 중에도 변경될 수 있습니다.

### 상담은 몇 번 정도 해야 하나요?

정해진 횟수는 없습니다. 호소 문제, 원하는 방향, 주어진 상황 등에 따라 달라집니다. 대학, 공공기관, 직원 복지 서비스 등에서는 5~10회의 단기 상담이 많이 이루어지고 있으나 상담을 좋아하고 상담 효과를 많이 느끼는 분은 몇 년씩 이어가기도 합니다.

### 상담을 한 번만 받아도 될까요?

호소 문제가 명확하고 해결할 자원이 충분한 경우에는 1회 상담으로도 원하는 부분을 얻습니다. "말하면서 생각이 정리되니 이제는 어떻게 해야 할지 알겠어요"라거나 "제가 몰랐던 부분인데 그렇게 조언해 주셔서 감사합니다"라는 식의 답변이 돌아오죠. 상담을 여러 번 하는 게 부담스럽다면 심리검사 결과에 대한 해석 상담을 통해 상담이 어떤 것인지 경험해보는 것도 좋습니다.

### 비밀이 정말 지켜질까요?

==상담에서 나눈 이야기는 철저하게 비밀이 보장됩니다.== 이는 '상담윤리강령(한국상담심리학회)'에도 명시되어 있습니다. 비밀 보장 예외 규정(자신이나 타인의 생명 또는 사회 안전을 위협할 때, 법적으로 정보 공개가 요구될 때 등)에 대해서는 상담 전에 안내하고 사전 동의를 받게 되고요. 그러나 이 경우에도 내담자의 권익이 침해되지 않도록 최

소한의 내용만 공개하며 내담자에게도 공개 사실을 알려야 합니다.

### 공직 시험을 앞두고 있는데 상담 기록이 영향을 줄까요?

심리상담은 병원 진료와 달리 어떠한 법적, 의료적 기록도 남지 않습니다. 상담 기록은 오직 상담을 위한 목적으로만 쓰입니다. 상담 기록에는 호소 문제, 임상 평가, 치료적 개입, 성과 등이 쓰여 있습니다. 이러한 상담 기록물은 잠금장치가 되어 있는 보관함에 넣어두고 전자 문서는 비밀번호를 설정해두며 정해진 기간 이후에 폐기됩니다.

### 회사 지원으로 상담하고 있는데 상사에게 결과가 전달되나요?

비밀 보장 예외 상황이 아닌 이상, 상담 결과는 내담자의 동의 없이 외부로 유출되지 않습니다. 만약 상담 내용이 외부로 전달된다면 내담자는 더 이상 상담을 안전하게 느끼지 않을 것입니다. 그러면 상담 관계도 깨지겠죠. 상담 관련 부분이 어디까지 회사에 보고되는지 회사의 상담 지원 체계를 살펴볼 필요도 있습니다.

### 2~3회쯤 상담했는데 마음이 더 힘들어서 그만두고 싶어요

자신의 마음을 마주하는 일은 늘 좋지만은 않습니다. 2~3회 정도 상담하면 내가 지닌 문제가 어느 정도 수면 위로 드러나는데 이걸 다루는 게 버겁기도 해요. 그래서 도망칠 궁리를 하죠. '상담하니까 더 힘든 것 같아. 상담사가 해주는 것도 별로 없는데 돈만 들고. 그 돈으로 그냥 여행이나 갈까?'라는 식으로 말이죠.

상담을 그만두고 싶을 때 '그 저항하고 싶은 마음을 상담사에게 털어놓아 보세요'라고들 하지만 그러지 못하는 경우도 많습니다. 2~3회는 상담 초기이기에, 불편한 마음을 허심탄회하게 털어놓을 만큼 상담사를 믿지 못할 수도 있어요.

만약 상담을 그만두고 싶다면, 힘들어진 마음 때문에 생활이 더 불편해졌다면, 지금 그만두는 게 나를 위한 선택이라는 생각이 든다면 그 선택을 따라야죠. ==자기 자신한테 계속 물어봐야 해요. 어떤 선택을 할지.== '지금 너무 힘든데 이 마음을 상담에서 다루면서 의논해볼까? 아니면 그만두고 다른 방법을 생각해볼까?'

==왜 자신에게 물어야 하냐면 '심리적 무게감' 때문에 그렇습니다.== 상담이 버거워지기 시작할 때 그 부담은 누가 대신 짊어질 수 없습니다. 감당할 수 있을지 스스로 묻고 다짐해야 합니다. 헬스를 할 때랑 비슷해요. 나한테 무게를 감당할 힘이 있다는 생각이 들 때 힘을 주거든요. 어떤 경우에는 나한테 감당할 힘이 있는데도 지레 겁을 먹고 어떤 경우에는 힘이 없는데도 무리하다가 탈이 나기도 합니다. 나한테 감당할 힘이 있는지 아리송하다면 지금껏 나를 지켜본 상담사의 관찰과 조언을 참고해보세요.

**상담에서 녹음을 꼭 해야 할까요?**

상담 기록이나 녹음은 '반드시 상호 동의하에' 이루어져야 합니다. 상담사는 다음 상담을 위한 기록용으로, 혹은 슈퍼비전을 위해서 녹음에 대한 동의를 구합니다. 만약 기록이나 녹음이 불편하다면 거부해도 됩니다. 때로는 내담자가 먼저 상담 내용을 녹음해도 되냐고 묻기도 합니다. 두고두고 계속 듣고 싶다고 하면서요. 만약 불편하다면 상담사도 이를 거부할 수 있습니다.

**상담사와 잘 맞지 않는 것 같아요**

모든 상담사와 잘 맞을 수는 없습니다. 관점이 다를 수도 있고 뭔가 불편한 지점이 있을 수도 있죠. 그런데 그럴 때 상담사와 꼭 그 지점에 대해 얘기해보세요. 우리는 갈등 상황에서 직접 말하지 못할 때가 있습니다. 잘 맞지 않는 것 같으면 연락을 끊어버리거나 만남을 회피하면서 멀리하죠. 무조건 피해버리면 당장은 편하지만 내가 어떤 부분을 불편하게 여기는지를 알 기회는 영영 사라집니다. 상담에서만큼은 관계에서 어떤 부분을 힘들어하는지를 드러내고 갈등 상황을 직접 꺼내보는 연습을 했으면 합니다. 그렇게 해봤는데도 불편한 지점이 해결되지 않는다면 다른 상담사를 만나는 것도 방법이겠지요.

## 제 문제의 원인은 아니까 해결법만 명확하게 알려주면 좋겠어요

원인과 해결법은 서로 연결되어 있습니다. 만약 자신이 문제의 원인은 알겠는데 해결법을 모르겠다면 다음 상황을 고려해보기 바랍니다.

첫째, 내가 알고 있는 문제의 원인이 잘못된 경우입니다. 돈이 없어졌다고 가정해 보겠습니다. 보니까 지갑에 구멍이 난 겁니다. '아, 이 구멍에서 돈이 샜구나'라고 생각하죠. 그럼 해결법은 지갑을 새로 사거나 구멍을 막는 겁니다. 그런데 돈을 누가 가져갔을 수도 있지 않을까요? 혹은 처음부터 지갑에 돈이 없었는데 내가 착각한 것일 수도 있지 않을까요? 문제의 원인을 잘못 짚은 경우 당연히 해결이 되지 않습니다.

둘째, 문제의 원인이 복잡하고 상호적일 수 있습니다. 눈에 보이지 않는 마음 문제는 원인을 알 것 같다 싶어도 해결법이 바로 보이지 않는 경우가 많습니다. 좋으면서도 싫고, 하고 싶으면서도 하기 싫고, 해야 하는 걸 알면서도 하지 않는 경우가 있죠. 양가적이고 모순되고 복잡하고 골치 아픈 것이 바로 마음 문제입니다.

셋째, 해결법을 명확하게 안다고 해결되는 게 아닙니다. 그냥 알고만 싶은 거라면 책이나 강연을 통해 '나와 비슷한 어려움을 극복한 사람들의 이야기'를 가능한 한 많이 접해보세요. 타인의 극복담은 희망도 되고 선택지도 됩니다. 하지만 아는 것과 하는 것은 다릅니다. 상담실까지 찾아왔다면 그냥 아는 것에 그치지 않고 '내 삶에 직접 적용하면서 변화를 꾀할 준비'를 해야 합니다.

영어로 상담을 'counseling'이라고 합니다. 영어 철자가 '-ing'로 끝나죠. 상담은 결과가 아니라 과정입니다. 명확한 해결법을 '아는 것'보다 '알아가는 과정'에 집중합니다. 주어진 삶의 무게를 견디는 힘과 맷집을 키우는 것, 그래서 어떤 문제라도 감싸 안고 해결할 능력을 개발하는 것, 그게 상담의 진정한 목적이라고 생각합니다.

**상담하면 좋기만 할 줄 알았는데 마음이 불편하기도 해요**
예전에 어떤 분이 한 말입니다.
"상담이 끝나고 난 직후는 좋은데 조금 지나면 여러 생각이 들면서 4일 정도 굉장히 힘들었어요. 그래서 '상담을 그만둬야지' 하고 마음먹는데 막상 상담하는 날이 되면 저도 모르게 오고 있더라고요."
상담은 마음을 여러 각도로 훑어보기 때문에 때로 심하게 요동칩니다. 때로는 좋은 기억보다 안 좋은 기억이 더 많이 떠오르기도 하고요. '부끄러운 나, 불안한 나, 자신감이 없는 나, 형편없는 나'와 마주하게 되죠. 지금보다 더 우울해질까 봐 겁도 나고요.
그런데 불편감은 '변화의 신호'입니다. 의자가 불편해야 바꿔 앉듯이 마음이 불편해야 고쳐먹습니다. 그러니 불편한 게 꼭 나쁜 건 아니에요. 마음이 불편했다 평온했다 요동치다가 어느 순간 진폭이 줄어들고 평온한 기간이 더 길어집니다. 일렁이는 파도가 잔잔한 파도가 되는 순간, 주변 풍광이 달라져 있을 거예요.

## 상담을 마쳤다면

- 상담을 처음 해봤는데 도움이 됐어요. 계속 상담받지 않고 고민이 생길 때마다 받아도 될까요?
- 상담을 마쳤는데 고민이 해결되지 않고 더 깊어졌어요. 상담을 더 해야 할까요? 더 해야 한다면 언제까지 해야 할까요?
- 상담을 마치고 나서 며칠간 힘들었어요. 혼자 해나갈 수 있을까 걱정돼요
- 상담 기록이 필요해요. 어떻게 해야 할까요?
- 다른 기관에서 상담하게 될 경우 이전 상담 기록을 요구할 수 있나요?
- 상담을 다시 시작하면 예전 상담사를 찾는 게 나을까요? 아니면 다른 상담사를 찾는 게 나을까요?
- 상담사의 개인 연락처를 알고 싶어요
- 상담을 마친 지 얼마 되지 않았습니다. 힘들 때 가끔 상담소로 연락해도 되나요?

**상담을 처음 해봤는데 도움이 됐어요. 계속 상담받지 않고 고민이 생길 때마다 받아도 될까요?**

고민이 생길 때마다 일회성으로 상담을 하게 되면 '고민을 들어주는 상담' 혹은 '현재 상황에 적합한 해결책을 찾기 위한 상담'이 될 것 같습니다. 조언, 코칭, 교육에 가까운 상담이 되겠죠. 문제가 비교적 단순 명확하고 주변 여건이나 심리적 자원이 충분하다면 일회성 상담으로도 도움이 되리라 생각합니다. 하지만 주변 사람들과의 관계 때문에 힘들거나 불안, 우울 등 심리적 증상이 있거나 오래 묵혀온 고민이라면 상담을 죽 이어서 지속하기를 권합니다.

**상담을 마쳤는데 고민이 해결되지 않고 더 깊어졌어요. 상담을 더 해야 할까요? 더 해야 한다면 언제까지 해야 할까요?**

고민이 더 깊어진 이유가 있을 겁니다. 그 고민이 스스로 통제할 수 있는 부분이라면 상담을 하는 게 도움이 되리라 생각합니다. 가령 어머니와의 갈등 문제로 상담받았는데 상처받았던 예전 일들이 머릿속에 계속 맴돌면서 힘들어진 것일 수도 있어요. 내가 다룰 수 있는 부분이라면 그 불편감이 해소될 때까지 상담을 지속했으면 합니다.

혹시 내가 통제할 수 없는 외부 변화 때문에 고민이 깊어졌다면 다른 방법이 필요할 수도 있습니다. 가령 직장 상사의 괴롭힘 때문에 힘들어서 상담했는데 상사의 괴롭힘이 점점 심해지기만 한다면 기관에 신고하거나 이직하는 등 외부 변화를 차단하는 다른 방법이 필요하리라 생각합니다.

**상담을 마치고 나서 며칠간 힘들었어요. 혼자 해나갈 수 있을까 걱정돼요**
보통 상담을 마치기 몇 주 전부터 종결 이후를 준비합니다. 상담을 통해 달라진 부분, 아쉬운 부분을 점검하고 종결 이후에 겪을 수 있는 상실감 등을 다루게 되죠. 하지만 그렇게 대비해도 상담 관계가 끝났다는 사실에 뭔가 허전하고 서운하기도 합니다. 과연 혼자 잘해나갈 수 있을지 걱정도 되고요. 하지만 상황 때문에 어쩔 수 없이 그만둔 게 아니라 상담사와 합의해서 종결된 상황이라면 당신에게 스스로 헤쳐 나갈 힘이 있음을 상담사가 인정했다고 봐도 됩니다. 만약 상황이 달라져서 증상이 재발하거나 도움이 필요하다면 언제든지 상담을 다시 시작할 수 있습니다.

**상담 기록이 필요해요. 어떻게 해야 할까요?**
상담센터에 요청할 수 있습니다. 용도, 제출 기관, 필요 범위 등을 상세히 알려주면 됩니다. 단, 센터별로 상담 기록을 보관하는 기간, 방식, 절차가 다르므로 상담 기록 확인이 가능한지 해당 기관에 문의해보기 바랍니다.

**다른 기관에서 상담하게 될 경우 이전 상담 기록을 요구할 수 있나요?**

필요하다면 이전에 시행한 심리검사 결과나 상담 기록을 요구할 수 있습니다. 다만 센터별로 상담 기록 보관 기간, 결과보고서 발급 절차가 다를 수 있습니다.

**상담을 다시 시작하면 예전 상담사를 찾는 게 나을까요? 아니면 다른 상담사를 찾는 게 나을까요?**

예전 상담사와 관계가 좋았고 상담 경험이 만족스러웠다면 그 상담사에게 다시 연락을 취해도 됩니다. 예전 상담사는 내가 살아온 배경, 성격, 가치관 등을 이미 알고 있기에 부연 설명하지 않아도 되고, 관계가 돈독해지는 데도 시간이 덜 걸릴 거예요. 반면에 예전 상담사에게 실망한 적이 있거나 상담 경험에 불만이 있다면 다른 상담사를 찾으세요. 다만 이 경우, 상담 관계를 맺어가는 단계부터 다시 시작하게 됩니다.

**상담사의 개인 연락처를 알고 싶어요**

간혹 상담을 마친 후에 개인 연락처를 묻는 분들이 있습니다. 청첩장을 준다는 분도 있고 좋은 일이 있을 때 소소하게 연락하고 싶다는 분도 있습니다. 친밀한 관계를 이어가고 싶은 마음일 겁니다. 하지만 사적인 영역을 공유하게 되면 상담사와 내담자라는 관계가 깨집니다. 사적인 관계를 맺게 되면 나중에 다시 상담할 일이 생길 경우 객관적으로 볼 수가 없습니다. 그러므로 상담을 마친 후 사적인 관계를 맺지 않는 게 좋습니다. 문자로 소식을 전하는 정도는 괜찮지만 서로 경조사를 챙겨주고 함께 나들이를 가는 등 친구나 연인 관계로 이어지는 건 지양하는 게 좋아요. 언제라도 다시 상담 관계를 맺을 수 있도록, 여지를 남겨두는 게 좋지 않을까 싶습니다.

**상담을 마친 지 얼마 되지 않았습니다. 힘들 때 가끔 상담소로 연락해도 되나요?**

보통 상담 종결 후 2주, 혹은 한 달 후에 추수상담(상담 종결 후 상담의 효과가 지속되는지 여부를 확인하는 것)을 합니다. 추수상담 여부나 시기 등은 상담을 종결하면서 함께 정하게 되고요. 추수상담을 하지 않는 경우도 있지만 상담에서 이룬 변화가 어떻게 유지되고 있는지 살피기 위해서 하는 게 좋습니다. 상담이 끝나고 많이 힘들다면 그런 마음을 다시 한 번 다루기도 하고요.

당장 도움이 필요한 긴급 상황이 아니라면 추수상담까지는 가급적 혼자 마음을 가다듬으면서 지내는 게 좋습니다. 상담하면서 알게 된 부분을 곱씹으면서 누군가에게 의지하지 않고 스스로 마음을 다독이는 시간이라고 생각해요. 상담사라는 안전기지를 발판으로 '내 마음 안에 안전기지'를 세우는 거죠.

무언가 자극이 되어 불안하다면 '지금 많이 불안하니? 뭐 때문인 것 같아? 어떻게 하면 좀 진정될까?' 하고 스스로 질문하고 답해봐도 좋습니다. 상담사와 대화하듯이요. 그리고 '그런 마음이었다면 불안했겠다'라고 스스로 인정해줍니다. '아직도 그 모양이야? 뭐 그런 걸 가지고 불안해하냐?'라고 비난하지 말고 스스로 위로해주어야죠.

힘들고 지칠 때 '지친 마음'에게 가장 빨리 다가갈 수 있는 건 내 안에 있는 '건강한 마음'입니다. 내가 나를 보살피는 거죠. 상담이 궁극적으로 지향하는 목표도 그러합니다. 스스로 잘 보살피면서 살아가는 것, 내가 나의 안전기지가 되는 것입니다.

**일러두기**

* 상담심리사는 (사)한국상담심리학회에서 발급하는 자격증이며 심리 및 상담 학사 학위 소지자로 2년 수련 후 응시할 수 있다. 심리상담사는 (사)한국심리상담협회 민간 자격증이며 고졸 이상 누구나 응시할 수 있다.
* 상담 사례는 내담자 보호를 위해 일부 각색하였다.
* 상담심리사는 개인 신상의 문제나 심리적 문제를 해결할 수 있도록 조력하고 내담자의 자기인식을 높여 궁극적으로 삶의 질을 높일 수 있도록 도와준다.
* 책에서는 상담심리사를 '상담사'로 통일하였으며 정식으로 일컬어야 할 때는 '상담심리사'로 표현하였다.

버거운 마음을 내려놓는 보건소 심리상담실
# 오롯이 내게 귀 기울여줄 누군가

**초판 1쇄 인쇄** 2023년 8월 15일
**초판 1쇄 발행** 2023년 8월 25일

**지은이** 김계현
**그린이** knysh ksenya
**펴낸이** 박지원
**펴낸곳** 도서출판 마음책방

**출판등록** 2018년 9월 3일 제2019-000031호
**주　소** 경기도 김포시 김포한강8로 410, 1001-76호
**대표전화** 02-6951-2927
**대표팩스** 0303-3445-3356
**이메일** maeumbooks@naver.com

**ISBN** 979-11-90888-25-7　13180

저작권자 ⓒ 김계현, 2023

- 책값은 뒤표지에 있습니다. 잘못된 책은 구입하신 곳에서 바꿔드립니다.
- 이 책의 내용은 저작권법의 보호를 받는 저작물이므로 무단 전재와 무단 복제를 금합니다.

- 도서출판 마음책방은 심리와 상담 책으로 지친 마음을 위로하고, 발달장애 책으로 어린 아이들의 건강한 성장을 돕습니다.

- 본 도서는 카카오임팩트의 출간 지원금을 받아 만들어졌습니다.